BARRIE DOLNICK
JULIA CONDON
DONNA LIMOGES

Erotischer Hexenzauber

Das geheime Wissen
der Frauen

Aus dem Amerikanischen
von Astrid Roth und Henriette Zeltner

Mosaik
bei GOLDMANN

Umwelthinweis:
Alle bedruckten Materialien dieses Taschenbuches
sind chlorfrei und umweltschonend.

Deutsche Erstausgabe Juni 1999
© 1999 der deutschsprachigen Ausgabe
Wilhelm Goldmann Verlag, München
in der Verlagsgruppe Bertelsmann GmbH
© 1998 by Barrie Dolnick, Julia Condon and Donna Limoges
Originaltitel: Sexual Bewitchery and other Ancient Feminine Wiles
Originalverlag: Avon Books, N.Y.
Umschlaggestaltung: Design Team München
unter Verwendung folgender Fotos:
Umschlag: Guido Pretzl
Umschlaginnenseiten: Design Team München
Redaktion: Astrid Roth und Henriette Zeltner
Illustrationen: Julia Condon
Druck: Elsnerdruck, Berlin
Verlagsnummer: 16203
Kö · Herstellung/DTP: Martin Strohkendl
Made in Germany
ISBN 3-442-16203-3

3 5 7 9 10 8 6 4 2

*Dieses Buch ist der Wiederbelebung
uralten weiblichen Wissens gewidmet.*

Dank

Wir danken GlenMaera für ihre unschätzbare Hilfe und wünschen ihr alles Gute für den nächsten Abschnitt ihrer Reise.

Dank an die Curleys und den Zauber von Onteora, einen heiligen und wunderschönen Ort zum Schreiben.

Wir danken auch Christine Zika für ihr Engagement und Emma Sweeney für ihren Glauben an uns und die Magie.

Außerdem möchten wir uns bei den Menschen, die wir lieben, für ihre Geduld, Unterstützung und ihren Glauben an uns bedanken.

Inhalt

Vorwort   9

Einleitung 11

Magisches Handwerkszeug 17
Übersinnlicher Sexappeal 41
Die Kunst der Verführung:
Uralte weibliche Tricks 77
Mystische Sex-Tips 103
Mystische Sex-Tips für Fortgeschrittene 123
Sex ist keine Hexerei:
ein paar ganz praktische mystische Tips 135
Hexenzauber für allerlei
Beziehungsprobleme 153
Die große Göttin:
Gesichter der Weiblichkeit 189

Anhang
A · Mondzauber 203
B · Die sexuelle Kraft der Göttinnen 206
C · Meditation 213

Register 221

Vorwort

Was Lust und Liebe genau ist, läßt sich weder von der Wissenschaft noch von der Psychologie, noch von der besten Freundin ermessen. Liebe ist einfach ganz und gar geheimnisvoll.

Wo es um Liebe geht, da gelten keine Gesetze. Warum sich damit plagen, sie zu manipulieren oder zu simulieren, wenn man ihn auf ganz natürliche Weise dazu bringen kann, einem aus der Hand zu fressen (oder noch besser: daß er einen mit zarter Hand füttert)?

Erotischer Hexenzauber lehrt Sie, das zu nutzen, was Sie bereits besitzen. Das Buch führt Sie zu Ihrem uralten weiblichen Wissen. Sie werden sich als Frau noch besser fühlen und noch stolzer auf Ihre Fähigkeiten sein.

Die Fähigkeit zur Verführung besitzen Sie bereits. Die sinnliche Macht der Frauen ist nicht unbedingt offensichtlich und eher subtil; sie bedeutet Verlockung und Verzauberung.

Warum sich damit stressen, hunderte von Freunden um Rat zu fragen, wie Sie diesen Kerl kriegen, gut aussehen, im Bett beeindrucken, eine langweilige Beziehung neu beleben, wenn Sie alles aus einer Hand erfahren können? Die Antworten lauten nicht für jede Frau gleich – es gibt da keine Erfolgsformel. Aber Sie werden sich sicherer sein, was Sie wollen und wie Sie es erreichen, wenn Sie Ihre weibliche Macht nutzen. Die Prioritäten von Frauen sind dabei in höchstem Maße individuell.

Erotischer Hexenzauber belebt Ihr angeborenes Wissen um uralte weibliche Künste und Ihre geheimnisvollen magischen Kräfte, was Attraktivität, Verführung und Weisheit angeht.

Egal, ob Sie verheiratet, so mit einem Mann zusammen oder Single sind, möchten wir Sie ermutigen, Ihre weiblichen Tricks zu nutzen und sie zu einem Teil Ihres täglichen Lebens zu machen.

Die Macht des Weiblichen ist für Sie zum Greifen nah.

Einleitung

*Schatten fallen
Und Raum erglüht
Frau ist Macht;
Wie Männer wissen.
Sanft ihre Hand
Heiß ihr Feuer
Frau treibt die Ekstase
Höher und höher.*

Verführerin, Xanthippe, Hexe, Zauberin, Circe, Sirene.

Was sind Sie?

Keine leichte Antwort? Kein Wunder!

Wir haben eine wahrhaft weibliche Macht vergessen, verloren, oder sie ist uns sonstwie abhanden gekommen: die *Macht der Verführung*!

Genug gejammert und geklagt darüber, wie unrecht Männer uns tun. Wir haben die Macht, zu tun und zu bekommen, was wir in einer Beziehung wollen. Unglücklicherweise haben die meisten von uns vergessen, wie man diese Macht nutzt. Wir merken nicht einmal, daß unser uraltes weibliches Erbe in unserer Unisex-Welt noch lebendig und intakt ist.

Wir werden Sie wieder auf den Geschmack bringen und Ihnen helfen, Ihre weiblichen Fähigkeiten zu erkennen und richtig einzusetzen. Das setzt allerdings einige wenige Veränderungen voraus:

- Lassen Sie Ihr Strategiedenken im Büro.
- Hören Sie auf, zu versuchen, wie ein Mann zu sein (bei den Göttinnen, Sie sind keiner).
- Tauschen Sie Ihr Handy gegen ein paar ruhige Augenblicke. Ergänzen Sie Ihren Terminplaner um einen Mondkalender.
- Beschränken Sie sich nicht auf das Fernsehen als Ihre einzige Informationsquelle; versuchen Sie, auf Ihre Intuition zu hören.
- Entfliehen Sie dem Asphalt- und Betondschungel und machen Sie einen Spaziergang in der freien Natur.

Sie müssen sich daran erinnern, daß Sie immer und überall von Ihren weiblichen Kräften umgeben sind. Die Quelle des Weiblichen ist immer um Sie – in der Natur, im Mond, in der Erde. Sie können diese Macht mit Düften, Farben und Blumen beschwören und sie so sich selbst und anderen stärker zum Bewußtsein bringen. Je mehr Sie die Natur in Ihr Leben einbeziehen, desto selbstverständlicher wird es für Sie werden, Ihre weibliche Macht zu nutzen. Keine Sorge, Sie müssen sich nicht mit bunten Tüchern und exotischen Düften umgeben. Ihre weibliche Verführungskunst soll Ihrem persönlichen Stil entsprechen. Katherine Hepburn war auch sexy, ohne überkandidelt zu wirken.

Falls Sie sich Sorgen machen, nun an einem Hexensabbat teilnehmen oder einen Besen kaufen zu müssen, um bezaubernd zu wirken, können wir Sie beruhigen. Jede Frau ist mit magischen Fähigkeiten ausgestattet: der Magie der Schöpfung, Verführung und Anziehungskraft. Diese Kräfte sind angeboren, so daß Sie sie häufig nicht einmal bemerken. Das bedeutet oft, daß Sie sie auch nicht in vollem Umfang nutzen. Alle Frauen besitzen also aus sich heraus die Fähigkeit zu verzaubern, sie müssen sich nur darauf besinnen.

Der weibliche Archetyp ist seit Urzeiten derselbe: das Gefäß, die Mutter, die fruchtbare Hüterin von Energie. Vielleicht trifft das nicht ganz auf Sie zu, aber Sie sollten dafür auf jeden Fall ein Bewußtsein haben, ansonsten würden Sie auf Ihre mystische Kraft verzichten. Frauen sind die wahren Schöpferinnen, sie schenken der Realität Leben; Männer sind dagegen eher die Materialisten, die die Realität formen. Es verleiht viel mehr Macht, mit den natürlichen Vorgaben zu arbeiten, als zu versuchen, beides zu sein. Frauen sind einfach besser, was Intuition und Kreativität, das Yin, die rezeptive Energie angeht; Männer sind auf wissenschaftlichem und praktischem Gebiet besser, dem Yang, der handlungsorientierten Energie.

Selbst wenn Sie um Anerkennung in Ihrem Beruf kämpfen müssen, sollten Sie nicht aufhören, Frau zu sein. Sie sind viel erfolgreicher, wenn Sie Ihre weibliche Energie nutzen, anstatt zu versuchen, einem Mann nachzueifern. (Immerhin reagieren Männer auf Frauen, die sich wie Frauen benehmen, positiver als auf solche, die versuchen, Männer zu sein.)

Vergessen Sie auch, was Ihnen die Modemagazine weismachen wollen: Es gibt keinen Maßstab für die schöne Frau. Sie müssen weder jung noch dünn sein, um schön zu wirken. Je älter Sie werden, desto faszinierender sind Sie – viele Männer stehen darauf. Wirklich. Denken Sie einmal darüber nach. Das ist wie der Unterschied zwischen einem Roman und einer Kurzgeschichte – ein Roman braucht mehr Zeit, um Handlung und Spannung zu entwickeln.

Erotischer Hexenzauber sagt Ihnen, wie Sie Ihre emotionale, leidenschaftliche, intellektuelle, körperliche und psychische Energie nutzen können, um das sinnliche und sexuelle Vergnügen in Ihrem Leben zu vergrößern; was Sie für Ihre Attraktivität tun müssen, um Männer locken und sie für sich gewinnen zu können.

Dieses Buch handelt nicht nur von Sex, sondern von der Magie der Verführung und Verlockung.

Nehmen wir doch einmal das Beispiel unserer Lieblingsschauspielerinnen. Diese alten verführerischen Filmstars hatten es gar nicht nötig, ihren Körper zur Schau zu stellen. Deren Sexappeal war viel weniger aufdringlich als das ihrer Kolleginnen von heute.

heute	gestern	Person
Madonna	Marilyn Monroe	sexy Sirene
Goldie Hawn	Carole Lombard	verrückte Dame
Sharon Stone	Marlene Dietrich	harter Brocken
Julia Roberts	Rita Hayworth	Femme fatale
Demi Moore	Sophia Loren	lüsterner Leckerbissen

Sollten Sie die Stars von gestern nicht kennen, gehen Sie als erstes in eine Videothek und sehen Sie sich ein paar ihrer Filme an. Sie werden schon beim bloßen Zuschauen eine Menge von ihnen lernen.

Der Unterschied zwischen den weiblichen Stars von heute und denen von gestern ist offensichtlich: In der Vergangenheit war es weitaus wichtiger, die Kunst der Verführung des Flirtens zu beherrschen und schlagfertig zu sein. Diese Frauen mußten sich keine neuen Brüste zulegen oder nackt herumlaufen, um einen Mann zu kriegen – und das haben Sie auch nicht nötig.

Charme ist ein phantastischer sexueller Magnet, und der halbe Spaß körperlichen Vergnügens ist die Vorfreude darauf, das Ziel zu erreichen. Sie können unmittelbar und ohne Risiko Geheimnis und Leidenschaft erzeugen, wenn Sie wissen, was Sie wie anwenden sollen.

Und wenn ich derzeit keine Beziehung habe?
Sie müssen keinen Partner haben. (Wir nennen ihn gerne »Gefährte«.) Wir werden Ihnen die Tricks und Techniken beibringen, mit denen Sie eine beliebige Anzahl in Frage kommender Verehrer für sich gewinnen können.

Muß ich ein Medium sein?
Nein, Sie müssen nur eine Frau mit Elan sein. Soweit wir wissen, hat man bis jetzt noch kein »Zauber«-Gen entdeckt, aber es muß irgendwas in der Art geben. Alle Frauen haben es, und wir werden Ihnen helfen, Ihres zu finden. (Und das ist mit Sicherheit nicht so schwierig wie beim G-Punkt.)

Wird das meinen Sex verändern?
Wir sind davon überzeugt, daß Ihnen dieses Buch auf ewig nützlich sein wird. Genügt das?

Muß ich lernen, mit der Nase zu zucken?
Nein. Das wäre zu auffällig. Wir bringen Ihnen subtileren Zauber bei.

Muß ich ein zerbrechliches, ätherisches Wesen werden?
Absolut nicht. Feminin sein heißt nicht, sich irgend jemand zu unterwerfen oder sich selbst an Eisenbahnschienen zu fesseln. Ihren weiblichen Zauber zu nutzen bedeutet, das, was Sie möchten, für sich zu gewinnen. – Wie Sie das tun, bleibt Ihnen überlassen. Diese Macht gibt Ihnen die Möglichkeit, verletzlich und weich zu sein, ohne sich etwas zu vergeben.

Erotischer Hexenzauber macht Sie wieder mit Ihren angeborenen femininen magischen Begabungen vertraut und verhilft Ihnen zu einem genußvollen sinnlichen Erleben. Sie werden lernen, Düfte, Farben, Stoffe und sogar Speisen zu nutzen, um so auf einer übersinnlichen Ebene zu faszinieren.
Mit Hilfe unserer Übungen werden Sie befähigt, Ihre Lust, und auch seine, zu steigern. Und sogar Ihr Liebesleben mit neuen und gewagten Szenarien wiederaufleben lassen. Sie werden auch lernen, wie Sie allfällige Probleme lösen, denen Sie in Ihrem Liebesleben vielleicht begegnen. In Null Komma nichts werden Sie sich in eine gestandene übersinnliche Verführerin verwandelt haben.

Als ob mit zartem Flaum, mit stiller Höhe -
Solch Zauber hängt mir an von ihrer Nähe

EZRA POUND, VIRGINITÄT

Magisches Handwerkszeug

Sex wird allzu oft auf »rein und raus« reduziert. Uns ist noch keine Frau begegnet, der das gefallen hätte. (Und Männern geht es genauso, sobald sie es einmal besser wissen.) Ihre Zauberkünste werden das immer gleiche »Geschiebe und Gestoße« in etwas wirklich Originelles verwandeln.

Verführen, quälen, necken, verzögern. Nehmen Sie sich Zeit, sich selbst zu genießen. Sobald Ihr Gefährte einmal in den Genuß Ihrer neuen sinnlichen Fähigkeiten gekommen ist, wird er um mehr betteln, und Sie werden dem Wunsch mit Freuden nachkommen.

Das Wichtigste zuerst: Vergessen Sie den schwarzen Hut, den Besenstiel und andere Klischee-Accessoires. Das stellen sich Männer vor, wenn sie an Hexen denken. Die Dummerchen. Die echten Werkzeuge sexueller Verzauberung sind die Dinge, die Sie sinnlich, schön und verführerisch machen.

Ob das wohl anstrengend wird? Gütiger Himmel, nein. Ihre femininen Kräfte sind ja bereits im Einsatz; Sie sind sich dessen nur noch nicht bewußt. Jedesmal, wenn Sie Parfüm auftragen, sexy Wäsche anziehen oder stimmungsvolle Musik auflegen, ist das schon sinnliche Magie. Jedesmal, wenn Sie etwas aushecken oder planen (und wir wissen, daß Sie das tun), versuchen Sie, damit etwas zu bewirken.

Sie werden erfolgreicher sein und mehr Zeit haben, diesen Erfolg zu genießen, wenn Sie Ihre natürlichen magischen Kräfte nutzen. Sie müssen dazu nicht Ihren Alltag vollkommen umkrempeln, sondern nur Ihre Zielrichtung ändern.

Spieglein, Spieglein an der Wand

Sind Sie die Schönste im ganzen Land? Für »ihn« können Sie es sein, weil dauerhafte Attraktivität wenig mit körperlicher Perfektion zu tun hat. Aber dazu müssen Sie in der Lage sein, mit Ihrem inneren Blick in den Spiegel zu sehen. Das bedeutet, daß Sie hinter die offensichtliche Spiegelung und mit Ihrem Herzen, statt mit Ihren Augen sehen. Ihr innerer Blick ist Ihre Intuition, was Sie fühlen, nicht was Sie sehen.

Sind Sie sich der Energie bewußt, die Sie ausstrahlen? Wissen Sie, wann Sie sexy oder wann Sie in schlechter Verfassung sind? Wissen Sie, wie Sie das ändern können? Mit ein bißchen Lippenstift allein ist das nicht getan.

Wir projizieren alle das Bild der Art Frau, die wir sind oder zu sein glauben, unabhängig davon, ob uns das bewußt ist oder nicht. Andere (insbesondere Männer) empfangen diese Signale und reagieren darauf.

Machen Sie auf der Stelle folgendes Experiment: Gehen Sie einen Flur oder eine Straße entlang und denken Sie: »Ich bin sexy und attraktiv.« Gehen Sie ganz entspannt, und fürchten Sie sich nicht vor den Blicken, die Sie mit Sicherheit auf sich ziehen werden, und fürchten Sie vor allem nicht, daß es keine solchen Blicke geben wird. Erwarten Sie sie; das ist ein Teil Ihrer Macht zu verzaubern. Sie haben immer die Möglichkeit, sie zu verstärken oder zu vermindern, und natürlich das Recht, sie zu akzeptieren oder zurückzuweisen.

Vergessen Sie nicht, daß das Spaß macht und belebt. Wenn Sie nicht in Stimmung dafür sind, hören Sie damit auf, und probieren Sie es an einem anderen Tag wieder. Mit ein paar Tips und ein bißchen Übung werden Sie bald einfach tun, was Ihnen natürlich erscheint. Genießen Sie es, Ihren Sexappeal auszuprobieren. So können Sie sich jederzeit fabelhaft aufmuntern.

Zauber-Eignungstest

Lassen Sie uns sehen, wie bezaubernd Sie bereits sind. Entscheiden Sie sich bei jeder Frage für eine Antwort.

Szenario: Sie treffen Ihren Mann und sind in leidenschaftlicher Stimmung.

1. Wählen Sie einen der folgenden Düfte.
   a) Maiglöckchen
   b) Jasmin
   c) Pfirsich
   d) Lavendel

2. Welche Farbe würden Sie tragen? (Nein, Sie können sich hier noch nicht für schwarz entscheiden.)
   a) Pastelltöne (rosa, hellblau, blaßgelb)
   b) Erdtöne (rostbraun, gold, sand)
   c) Edelsteinfarben (rubinrot, saphirblau, smaragdgrün)
   d) Neutrale Töne (grau, taupe, beige)

3. Für welches Outfit würden Sie sich entscheiden?
   a) Hosenanzug
   b) Jeans, Seiden-T-Shirt (eventuell mit Jackett)
   c) Minirock
   d) Knöchellanges Kleid (eventuell mit Schlitz)

Szenario: Sie kochen ein Abendessen für Ihren Gefährten (egal ob Sie sich schon lange oder erst seit kurzem kennen), und Sie sind in Stimmung, ihn zu verführen.

4. Was tun Sie in der Stunde, bevor er kommt? (Seien Sie ehrlich!)
   a) verschiedene Outfits anprobieren

    b) die Wohnung aufräumen
    c) ihre Freundinnen anrufen und um Rat fragen
    d) den Tisch decken

5. Zur richtigen Stimmung gehören:
    a) Kerzen
    b) Kerzen, sanfte Musik
    c) Kerzen, sanfte Musik, ein sexy Outfit
    d) Kerzen, sanfte Musik, ein sexy Outfit, Champagner und
    Erdbeeren auf dem Boden zwischen Kissen verstreut

6. Als kleine Naschereien vor oder nach dem Essen (wer sagt, daß Sie überhaupt soweit kommen …?) haben Sie vorbereitet:
    a) Chips und Dips
    b) eine Nußmischung
    c) Käse und Obst
    d) Austern, in der Schale serviert

7. Ihre Blumendekoration besteht aus
    a) roten Rosen
    b) weißen Lilien
    c) Nelken
    d) Gardenien

8. Wie kriegen Sie ihn ins Bett?
    a) Ich nehme ihn bei der Hand und führe ihn schweigend
    dort hin.
    b) Wozu ein Bett?
    c) Ich drapiere mich aufs Sofa und zeige ein bißchen Busen
    oder Bein.
    d) Ich verschwinde und lasse mich von ihm im Bett finden.

Punkte

Addieren Sie Ihre erzielten Punkte.

1. a) 1	b) 3	c) 0	d) 2	5. a) 2	b) 3	c) 1	d) 0
2. a) 2	b) 3	c) 3	d) 1	6. a) 0	b) 3	c) 2	d) 1
3. a) 0	b) 2	c) 1	d) 3	7. a) 2	b) 0	c) 1	d) 3
4. a) 2	b) 1	c) 0	d) 3	8. a) 3	b) 3	c) 3	d) 3

Auswertung

0-10   Sie brauchen uns wirklich.

11-20   Sie zeigen vielversprechende Ansätze – es wird nicht schwer für Sie werden.

über 21   Wir können Ihnen helfen, Ihr schon bezauberndes Verhalten zu perfektionieren.

Erläuterung des Zauber-Eignungstests

1. Die Wahl eines Dufts

Ein Duft ist die Möglichkeit, ohne Worte zu sprechen, sagen Sie also das Richtige. Nicht daß wir irgend etwas gegen die Parfümindustrie hätten, aber wenn es um Düfte geht, haben wir gelernt, wie wichtig Einfachheit ist. Die meisten Düfte, die es heute auf dem Markt gibt, vermischen zu viele Botschaften, und keine in den femininen Künsten bewanderte Frau würde etwas tragen, was nicht von Lust und Liebe flüstert. Tupfen Sie ein wenig von einem der empfohlenen Düfte auf verborgene Stellen, um ihm den Weg zu weisen.

Schon mit ein bißchen Duft werden Sie spüren, wie sich Ihre Energie und Laune verändert. Plötzlich sind Sie mysteriös oder geheimnisvoll, unschuldig oder verwegen. Beginnen Sie damit, bevor Sie sich anziehen. Passen Sie auf, wenn Sie sich plötzlich wie eine alte Dame fühlen – der Duft ist dann mit Sicherheit nicht der richtige für Sie.

Hier ein paar Informationen zu den im Quiz genannten Düften.

Pfirsich wird ihn nicht erregen, und alle Leidenschaft wird fruchtlos bleiben – im wahrsten Sinne des Wortes. Fruchtdüfte senden nicht die richtige Botschaft aus. Eine Ausnahme bilden Orangen- und Zitronenblüten, die auch die Liebe erblühen lassen.

Maiglöckchen sind gut für Ihre Inspiration, aber Sie nützen Ihrem Liebesleben nichts. (Sie verbessern Ihre mentalen Fähigkeiten.)

Lavendel kann Ihren Gefährten in gute Laune versetzen, wird aber nichts für seine Leidenschaft tun oder die Ihre steigern.

Jasmin trifft genau den richtigen Duftton und macht Sie noch verführerischer. Er wird sicher nicht nur sein Interesse heben!

Benutzen Sie Düfte, um mit ihm zu spielen, ihn zu locken und ihn an Sie heranzuziehen. Die mystische Frau nutzt ihre Düfte, um Leidenschaft zu erzeugen und zu steigern und ihre eigene Sinnlichkeit zu vergrößern. Wenn Sie parfümierte Liebesbotschaften hinterlassen – auf dem Kopfkissen oder in seinen Kleidern – wird das noch lange nach diesem Abend die Erinnerung an Ihre geteilte Leidenschaft wecken.

2. Die Wahl einer Farbe

Die Farbe, die Sie tragen, sollte nicht nur Ihre wunderschönen Augen zur Geltung bringen oder zu Ihren Socken passen. Farben schaffen eine Atmosphäre der Erregung, Macht, Zerbrechlichkeit und Nähe. Sie senden unterschwellige Botschaften aus. Farben sind auch ein Widerhall Ihrer persönlichen Energie und verstärken oder mildern Eigenschaften, die Sie bereits besitzen. Glinda, die gute Fee aus »Der Zauberer von Oz« trug Eisblau als Zeichen ihrer Klarheit und Reinheit, das war sozusagen ihre Berufskleidung. Scarlett O'Hara vollbrachte in Rot Wunder; an ihrem feurigen Naturell gab es keinen Zweifel.

Es ist nicht schwer, die Zauberkraft der Farben zu beherrschen. Hier die Grundlagen:

Wenn Sie eine Farbe wie Taupe oder Beige tragen, begeben Sie sich in die neutrale Zone. Diese Töne wirken weder anziehend noch entmutigend. Sie können sich entscheiden, ob Sie Ihre Botschaft statt dessen lieber mit einem Duft, Stoff oder durch Ihr Verhalten ausdrücken, diese Farben allein werden ihm jedenfalls kein Herzklopfen bereiten.

Pastelltöne erinnern an Babies – unschuldig und zerbrechlich. Das kann ein guter Look sein, wenn Sie ihn ablegen können, denken Sie aber auch daran, daß Sie darin wie ein Sorbet aussehen können: süß und frostig, oder wie Glinda, gut, aber unberührbar. Anfängern raten wir von diesen Farben ab.

Edelsteinfarben kommen immer mal wieder in Mode, aber sie sind perfekt für sinnliche Zauberei. Diese Farben sind machtvoll, aber man kann sich ihnen nähern. Rubinrot, Smaragdgrün, Saphirblau – um nur ein paar zu nennen – sind allsamt anziehend und faszinierend. Es bedarf aber eines selbstbewußten Mannes, um sich einer Frau in Königsfarben zu nähern.

Erdtöne wie Terrakotta, Rotbraun und Goldgelb machen Sie nicht zu Mutter Erde. Sie sind die weiblichen Farben des Sex, ihre Wärme lädt zur Berührung ein. Die meisten talentierten Magierinnen finden einen Weg, diese Farben in ihre Garderobe einzubeziehen, als Unterwäsche, Schals oder Tücher, und sie mischen sie mit neutralen Farben. Sie können ein umwerfend schickes schwarzes Kleid tragen und einen zimtfarbenen Schal um Ihre Schultern drapieren, um mysteriös und einladend zugleich zu wirken.

Gehen Sie Ihren Kleiderschrank durch und schauen Sie, welche Farben Sie vorwiegend tragen und welche unbewußten Botschaften Sie damit aussenden. Haben Sie keine Angst, neue Farben auszuprobieren; mit etwas Rot oder Gold können Sie sich tatsächlich ganz anders fühlen.

3. Kleidung

Wenn Sie sich für einen sinnlichen Anlaß kleiden, sollten Sie sich wie ein Geschenk fühlen, das eingepackt wird. Sind Sie ein Care-Paket für Hungernde oder ein bezauberndes Geburtstagsgeschenk? Kommen Sie von Tiffany's, aus dem Kaufhaus oder aus einem flippigen Geschenkeladen? Zauberhafte Kleidung besitzt eine starke magische Kraft.

Fangen wir mit dem Hosenanzug an. Denken Sie eine Sekunde darüber nach. Gut für einen Herbstspaziergang, aber nicht für einen Abend, an dem Sie jemanden verführen wollen. Wie lang wird es dauern, bis er Sie da herausgeschält hat? In den meisten Fällen sind Hosen nicht ratsam, außer sie schmeicheln Ihrer Figur, sind durchsichtig, aus fließendem und luxuriösem Material.

Miniröcke sind kurz – was die Aufmerksamkeit, die sie erregen betrifft. Sie eignen sich für einen schnellen Angriff, aber nicht für eine lange, genußvolle Sache. Tragen Sie so etwas für Flirts auf Parties oder bei der Verabredung zu einem Drink, wo Sie die Beine immer wieder übereinanderschlagen können. Wenn Sie die Magie für eine Liebesnacht schaffen wollen, werden Sie doch nicht alle Ihre Geheimnisse auf einmal offenbaren. Es macht einfach nicht soviel Spaß, wenn das Geschenk nicht eingepackt ist.

Jeans, Seiden-T-Shirt: Akzeptabel, wenn die Hose entsprechend gestylt ist; ein Seiden-T-Shirt nur, wenn es nicht im Unisex-Look ist und Ihre Kurven betont – dann wird bei ihm kein Zweifel darüber bestehen, wer die Zauberfrau ist.

Langes Kleid (eventuell mit Schlitz): Jackpot! Verhüllen und verheißen, locken und necken. Lassen Sie ein bißchen Bein hervorblitzen, wenn Sie sich setzen, verdecken Sie es dann aber sittsam wieder. Zeigen Sie nichts, geben Sie ihm nur eine Ahnung davon, was ihn erwartet – das funktioniert mit dem Dekolleté genauso. Machen Sie ihn scharf auf nähere Erkundungen. Genießen Sie Ihre subtile Macht.

Es sei auch daran erinnert, daß die weisen Frauen der Antike natürliche fließende Stoffe trugen. Denken Sie an die Statuen griechischer Göttinnen in ihren sich verheißungsvoll an den Körper schmiegenden Gewändern, an die Ägypterinnen in ihren figurbetonten Kleidern oder die Mode des Empire, die mit Musselin und Chiffon die Brüste umspielte. Wenn Sie sich für einen erotischen Anlaß kleiden, machen Sie sich den speziellen Charakter jedes Stoffes bewußt. Am Ende dieses Kapitels befindet sich eine Liste, an der Sie sich orientieren können.

4. Vorbereitungen

Wir wollen nicht, daß Sie wie ein altes Waschweib an der Wohnungstür erscheinen. Sich selbst zu verwöhnen, ist viel wichtiger, als das Zimmer aufzuräumen. Entfalten Sie Ihre magischen Kräfte, und alles, was er bemerken wird, sind Sie.

Wir raten Ihnen vorauszuplanen. Es ist gut, mindestens einen Tag vorher zu wissen, was Sie anziehen wollen. Putzen Sie vorher, und kochen Sie so viel wie möglich im voraus, damit die letzte Stunde für ein paar abschließende Vorbereitungen reserviert ist. Nehmen Sie ein angenehm duftendes Bad, arrangieren Sie die Blumen, hören Sie Musik oder meditieren Sie – lauter Möglichkeiten, um Ihre verführerische Energie zu steigern. Sich göttlich zu fühlen bedeutet, göttlich zu sein.

5. Atmosphäre

Die Atmosphäre, die Sie schaffen, ist Teil Ihrer selbst und sollte Ihre Stimmung widerspiegeln und verstärken.

Wollen Sie Glocken?

Glocken und Pfeifen?

Glocken, Pfeifen und Tamburins?

Glocken, Pfeifen, Tamburins, eine Marschkapelle und einen Eisbecher mit einer Cocktailkirsche obendrauf?

Wir glauben, daß Sie uns inzwischen folgen können, deshalb gleich zu den Einzelheiten:

Kerzenlicht ist wundervoll, sinnlich und mysteriös – mit anderen Worten, perfekt. Kerzen sind wichtig, um die richtige Atmosphäre für Ihre Wünsche zu erzeugen, wie Sie im dritten Kapitel sehen werden.

Musik ist sehr wirksam und kann Stille angenehm überbrücken. Der Rhythmus und die Melodie können Sie dazu bringen, sich in dieselbe Richtung zu bewegen – auf einander zu. Vielleicht ein Tänzchen gefällig?

Ihre Kleidung muß nicht nach Sex schreien, wie Sie wissen. Champagner, Erdbeeren und die Kissen nehmen zuviel vorweg. Lassen Sie ihn im ungewissen, und geben Sie ihm die Möglichkeit, selbst die Initiative zu ergreifen. Die Zauberin lockt, aber sie schnappt nicht nach dem Objekt der Begierde. Gestatten Sie sich selbst, Ihre eigenen sinnlichen Wünsche zu erforschen. Sie können die Erdbeeren und den Champagner ja trotzdem im Kühlschrank bereithalten.

6. Naschereien

Essen ist sinnlich und bietet einen erfreulichen Zeitvertreib am Beginn des Abends. Sie können seine Aufmerksamkeit auf Ihre Lippen lenken und sein Interesse steigern, indem Sie Ihre Hände sich für kurze Augenblicke berühren lassen. Sie können das Mahl nach Bedarf mit Aphrodisiaka ergänzen, wenn Sie möchten. Aber dazu müssen Sie erst einmal wissen, was heiß macht und was nicht.

Chips und Dips sind das richtige für Freundinnen. Es sieht nicht sonderlich schön aus, wenn Sie so etwas essen, außerdem passieren dabei leicht Katastrophen. Mit Sauerrahm auf Ihrer Bluse ist es schwer, die Aura »komm näher« aufrecht zu erhalten. (Sich selbst als Dessert zu präsentieren – mit Schlagsahne zum Ablecken – ist natürlich etwas ganz anderes.)

Austern in den geöffneten Schalen sind zu offensichtlich und zu kompliziert. Auch wenn sie als Aphrodisiakum gelten, sind sie nicht jedermanns Geschmack. Es gibt noch eine Menge subtilerer Möglichkeiten (siehe dazu die Auswahl am Ende dieses Kapitels).

Käse und Früchte sind Klassiker: einfach, weiblich und elegant. Sie können Ihren Zauber auch verstärken, indem Sie einen roten Apfel teilen oder Weintrauben, um auf Ihre bacchanalischen Absichten anzuspielen.

Erdnüsse oder anderes in der Art tut es auch. Sie sind leicht und spielerisch zu essen und symbolisieren Überfluß und irdisches Vergnügen. Knabbern Sie ein paar, um sich den Appetit für das, was immer da kommen mag, aufzusparen.

7. Blumen

Blumen bringen die Schönheit der Natur in Ihre Wohnung und stärken die Liebesenergie, die in Ihnen entstanden ist. Sie erinnern Sie an Ihre göttliche Seite. Im allgemeinen eignet sich jede Blume, die Ihre Stimmung steigen läßt, nur sollte man dabei »die Sprache der Blumen« nicht ganz außer acht lassen.

So schön weiße Lilien auch sind, sie symbolisieren nun einmal Tod und Auferstehung. Das verbinden die meisten Menschen nicht gerade mit lustvollen Gedanken.

Nelken stehen für Schutz, Stärke und Heilung. Wenn Sie sich seiner Reaktion nicht sicher sind, sind sie eine gute Wahl. Ihre Leichtigkeit, ihr Duft und ihre Farben können Ihre Stimmung dezent heben.

Rote Rosen sind schön in einer festen Beziehung, aber wenn er sie Ihnen nicht geschenkt hat, könnte er glauben, sie stammten von jemand anderem. Rote Rosen sind die Blüte hingebungsvoller Leidenschaft. Deshalb könnten sie beim Gefährten einer Single-Hexe das Gefühl von Druck erzeugen.

Gardenien sind Liebesblumen und werden deshalb oft für Beschwörungen des Herzens verwendet. Da sie eine eher ungewöhnliche Wahl darstellen, ist es unwahrscheinlich, daß er ihre Bedeutung kennt – aber er wird ihre Macht spüren.

8. Schlafenszeit

Ja, ja und noch mal ja. Wenn Sie ein gutes Gefühl haben, tun Sie es und variieren Sie nach Lust und Laune. Seien Sie bereit, sich von Ihren eigenen magischen Kräften verzaubern zu lassen. Viel Spaß!

Zauberkünste und -techniken im Einsatz

Im folgenden finden Sie ein paar Beispiele für Situationen, in denen Sie Ihre Zauberkünste und –techniken anwenden können. Denken Sie auch daran, Ihre Zauberbotschaften nach Bedarf zu mischen.

Wenn er schüchtern ist

Tragen Sie Kleidung, die Sie zart aussehen läßt (Pastellfarben), und legen Sie einen aufreizenden Duft (Moschus) auf, damit er sich nicht eingeschüchtert fühlt.

Wenn Sie die Schüchterne sind

Tragen Sie etwas aus Seide in Edelsteinfarben, worin Sie sich geschützt, machtvoll und trotzdem nicht unnahbar fühlen. Parfümieren Sie sich mit Orangenblütenduft, um ihn sanft zu locken.

Wenn Sie unmißverständlich und verwegen wirken wollen

Tragen Sie ein den Körper umschmeichelndes, knöchellanges, rostbraunes Seidenkleid mit tiefem Dekolleté vorne *oder* hinten *oder* einem Schlitz an der Seite. Nehmen Sie Ylang-Ylang als Duft.

Wenn Sie Geschäft und Vergnügen mischen wollen

Tragen Sie ein dunkelrotes Seidenkostüm und dämpfen Sie dessen Wirkung mit einem Body oder einem T-Shirt aus Chiffon. Tragen Sie Akazie als Duft, weil es den Beginn einer Romanze fördert.

Ein Wort zu Schwarz und Weiß

Die Tatsache, daß bei unseren Vorschlägen die Farben Schwarz und Weiß nicht vorkommen, ist Absicht und hat einen guten Grund. Weiß ist eine spirituelle Farbe, sie ist rein und ritualistisch und wird nicht umsonst mit Jungfrauen assoziiert. Wenn Sie Verführung im Sinn haben, paßt Weiß nur zu Situationen, in denen Unschuld zu Leidenschaft führen soll.

Schwarz als Farbe des Geheimnisvollen ist die klassische Hexentracht. Schwarz schafft eine leere Leinwand; es kann Sie schützen, so daß niemand weiß, was Sie im Schilde führen, aber es kann auch anderen erlauben, was immer sie wollen, auf Sie zu projizieren. Wenn Sie also schüchtern sind und Schwarz als Schutz wählen, kann das bei anderen den Eindruck machen, Sie seien distanziert und hochnäsig. Sie können zwar einen Duft als Gegengewicht einsetzen, um einen sanften Zauber auszustrahlen, aber wir empfehlen Ihnen, Schwarz zu Beginn Ihrer erotischen Zaubereien zu meiden, da man Sie leicht mißverstehen könnte.

Wie Sie wirken

Auf den folgenden Seiten finden Sie beliebte Düfte, Farben und Schattierungen, Stoffe und Gerichte, die tatsächlich die Sprache von Liebe, Sex und manchmal von »bis bald« sprechen. Sehen Sie sich die dazugehörigen Erklärungen an, und finden Sie heraus, was Ihre Kleidung all die Jahre über Ihrer Umgebung mitgeteilt hat. Vielleicht war es: »Hey, großer Junge, komm doch mal her und laß dich ansehen« oder »Ich bin nicht zu sexy für mein Shirt.«

Aber, was noch besser ist, Sie können dieses bezaubernde kleine Glossar dazu verwenden, um sich Kombinationen zusammenzustellen, die Ihre wirklichen Absichten zum Ausdruck bringen. Mit der Kleidung bewußt »Komm her« zu sagen, kann viel effektiver sein als Worte.

Am besten experimentieren Sie ein wenig, um herauszufinden, was bei Ihnen am besten funktioniert. Tun Sie das aber nur an Tagen, an denen Sie sich gut und selbstsicher fühlen. (Eine schlechte Stimmung kann eine schlechte Wahl zur Folge haben, und Sie könnten negative Schwingungen aussenden.)

Haben Sie keine Angst davor, sich hin und wieder zu irren. Es gibt mehr als eine richtige Kombination von Farbe, Duft und Stil. Und für jeden Menschen gibt es mehrere Möglichkeiten, die funktionieren.

Sie werden schon wissen, wann etwas zusammenpaßt, weil dann Ihre Stimmung steigt, Sie Komplimente bekommen oder Sie sich fast genötigt fühlen, ein bestimmtes Kleidungsstück zu kaufen. Vielleicht fühlen Sie sich auch auf eine neue Weise mächtig, geheimnisvoll und sexy.

Im Grunde genommen ist das eine Gelegenheit, Ihre Intuition zu nutzen und damit aufzuhören, alles zu glauben, was Ihnen Modezeitschriften über Ihr Aussehen sagen. Vergessen Sie das Zeitalter des Androgynismus, außer wenn Sie sich diese Sachen ausziehen können *und* es Sie anmacht. Lassen Sie Ihre innere Weisheit entscheiden, und nicht Farb-, Typberatung oder sonstige Modegurus. Und ganz egal, was man Ihnen erzählt, beißende Farben wie Hellgrün oder Neonorange sind nicht leicht zu tragen.

Sehen Sie sich unsere Tips durch und achten Sie darauf, was Ihnen ins Auge fällt. Beginnen Sie gleich damit, sich von Ihrer Intuition leiten zu lassen.

Die bezaubernde Welt der Düfte

Sie können entweder parfümierte Kerzen, Räucherwerk oder andere natürliche Duftstoffe verwenden (keine fertigen Raumluft-Erfrischer), um Ihre Botschaft zu übermitteln.

Locken

❦ *Akazie* Gut, um sich für Situationen zu öffnen, aber nicht wenn Sie Kummer haben. Hilft in der Anfangsphase einer Beziehung.

❦ *Zeder* Macht einen sicheren und vertrauten Eindruck. Gut für Verabredungen und das erste Rendezvous. Hat einen beruhigenden Effekt auf die Person, die es trägt.

❦ *Lavendel* Vielseitiger Duft, der offen für Beziehungen und Liebe macht.

❦ *Narzisse* Macht offen für Gefühle und stärkt die emotionale Identität.

❦ *Orangenblüte* Stimuliert das Gefühlszentrum und bringt Ihre Sinnlichkeit an den Tag.

❦ *Patschuli* Erzeugt eine geheimnisvolle Atmosphäre, aber auch eine Spur Koketterie.

❦ *Sandelholz* Wie Patschuli wirkt es geheimnisvoll, aber auch ein bißchen altertümlich.

❦ *Vanille* Vielseitiger Duft, der Willkommen und Wärme signalisiert.

Verführen

❦ *Lorbeer* Stimuliert Lust, Anziehungskraft und Begierde.

❦ *Piment* Stimuliert die sexuelle Anziehung und das Verlangen.

❦ *Zimt* Macht »heiß«. Steigert Ihre Energie und die Ihrer Umgebung.

❦ *Gardenie* Weckt Verlangen.

❦ *Jasmin* Verstärkt den Reiz des »Komm-her«-Appeals.

❦ *Moschus* Stimuliert sexuell. Darf nicht mit anderen schweren Düften zusammentreffen.

❦ *Rose* Verbindung der Herzen, wenn Sie schon mit jemand zusammen sind. Subtile Wirkung.

❦ *Seerose* Verbindet Ihre Gefühle mit Erfahrung.

Sich lieben
- ❦ *Hyazinthe* Verbindet Liebe und Verlangen.
- ❦ *Geißblatt* Zum Sichlieben. Rückt Gefühle, Worte und Blicke in den Mittelpunkt und hilft, die Liebeserfahrung über das Körperliche hinaus auszudehnen.
- ❦ *Moschus* Stimuliert sexuell. Darf nicht mit anderen schweren, machtvollen Düften kombiniert werden.
- ❦ *Ylang-Ylang* Verbindet Charme, Liebe und Begehren.

Für besondere Kräfte
- ❦ *Nelke* Ein Schutz, wenn Sie sich verletzlich fühlen. Stärkt die emotionale Kraft. Öffnet Energiezentren, zieht dabei aber keine Energie von außen an.
- ❦ *Mimose* Löst die Zunge und erleichtert die Kommunikation.
- ❦ *Muskatnuß* Hält Macht und Gefühl im Gleichgewicht.
- ❦ *Veilchen* Stärkt die Kräfte bei Trennungen.

Freundschaft
- ❦ *Früchte* (Pfirsich, Aprikose, Apfel, Erdbeere usw.) asexuelle, »sichere« Düfte.
- ❦ *Pfefferminze* Nur zum Klären, kein sinnlicher oder sexueller Duft.
- ❦ *Verbene* Signalisiert Offenheit, Leichtigkeit und Freundlichkeit. Besser im Sommer.

Farbenzauber

Kalte Farben	Botschaft
Zitronengelb	zurückhaltend, distanziert,
Blaurot-Töne	kühl, nicht zimperlich,
Tannengrün	»Eiskönigin«
Kobaltblau	
Violett	

Warme Farben	**Botschaft**
Die meisten anderen Gelbtöne	freundlich, offen,
die meisten Rottöne	einladend, »komm näher«
die meisten anderen Grüntöne	
Himmelblau	
Orange	

Schattierungen

Pastelltöne	**Botschaft**
Blaßrosa	jung, unkompliziert,
Babyblau	eisfrisch, mädchenhaft
Zitronensorbet	
Mintgrün	
Lavendel	

Erdtöne	**Botschaft**
Terrakotta	einladend, nicht kokett,
Rotbraun	fruchtbar, leuchtend,
Sand	warm

Neutrale Töne	**Botschaft**
Taupe	Leer, fern,
Grau	»geschäftsmäßig«
Beige	
Olive	
Elfenbein	

Edelsteinfarben	**Botschaft**
Rubin	klar, direkt,
Saphir	reich, greifbar,
Topas	ehrfürchtig
Smaragd	
Amethyst	

Ihr Zaubergewand: Die Macht des Stoffes

Bevor er Ihre Haut streichelt, wird er höchstwahrscheinlich Ihre Kleidung berühren – und sei es nur, um sie Ihnen auszuziehen. Achten Sie darauf, daß sie sich angenehm anfühlt.

Stoffe besitzen eine Energie, die die Botschaft Ihres Dufts und Ihrer Farben steigern oder schmälern kann. Stoff deckt den Tisch.

Verschiedene Stoffarten

Seide Ein anziehender Stoff. Er kann Ihrem Aussehen etwas Geheimnisvolles verleihen, weil er Sie verhüllt und Sie gleichzeitig sehr verlockend erscheinen läßt. So können Sie beispielsweise in Seide eine magnetische Anziehungskraft entwickeln und zugleich auch Ihre Verletzlichkeit verringern. Seide ist fließend, schützend, suggestiv.

Wolle Sie hat einen einladenderen Charakter. Man kommt ihr gerne näher. Sie kann Ihnen ein fürsorgliches, erdverbundenes Flair geben. Sie nimmt Energie in sich auf, wie zwei ausgebreitete Arme. Achten Sie darauf, ob das Material steif oder weich fließend ist, denn das kann Ihre Botschaft dramatisch beinflussen.

Baumwolle und Leinen Diese beiden Naturfasern haben den wenigsten Sexappeal. Sie wirken eher offen, geben Raum und sind leicht, was gut ist, wenn Sie sich niedergeschlagen oder gehemmt fühlen. Diese Stoffe können Ihnen auch ein Gefühl von Klarheit geben. Wenn Sie sich bei warmen Temperaturen für Baumwolle entscheiden, weil sie angenehm zu tragen ist, sollten Sie Farben oder einen Duft nutzen, um Ihre Interessen mitzuteilen.

Damast, Satin und Samt Das sind zwar keine »Stoffe« an sich, aber sie fungieren als echte Stimmungsmacher. Ihr edler Charakter lädt zu Berührung ein und verströmt Wärme und Hitze. Der Glanz von Satin und der Schimmer von Samt signalisieren offene Sinnlichkeit.

Leder und Wildleder Wie man sich leicht denken kann, wird Leder häufig mit Macht in Verbindung gebracht. Dominas wissen, was sie tun. Leder bringt das Animalische zum Vorschein, den männlichen Löwen, den Eroberungstrieb.

Wildleder wirkt ebenfalls maskulin, aber es ist weicher, zahmer. Denken Sie daran, daß wenn Sie eines von beiden tragen, Ihnen das ganz offensichtlich Macht verleiht. Sie sollten dann auch in der Stimmung sein, mit dieser Macht umzugehen.

Chiffon und andere durchsichtige Stoffe Sie lassen ahnen, was dahinter- bzw. daruntersteckt. Sie sind das Gegenteil von Leder und vermitteln Zerbrechlichkeit. Tragen Sie sie, wenn Sie sich an Schultern anlehnen wollen und möchten, daß man Ihnen Ihre Drinks holt.

Kunstfasern Wie Sie sich denken können, haben Stoffe aus Kunstfasern keine Persönlichkeit oder eine besondere Ausstrahlung. In so einem Fall müssen Farben, Design und Duft Ihre Botschaft mitteilen.

Muster und Dessins Kräftige Muster stellen eine Barriere dar und erzeugen nicht den Wunsch, zu wissen, was sich hinter der Leinwand verbirgt. Das ist nicht gerade hilfreich, wenn Sie jemanden verführen wollen, aber prima für geschäftliche Anlässe.

Die Farben von Mustern zu kombinieren bringt Ihre Botschaften zum Verstummen. So wirken Sie beispielsweise in Smaragdgrün, Gold und Rosa nicht wie eine starke, erdverbundene Jungfrau.

Ein Beispiel für die Botschaft, die ein Muster aussenden kann: Wenn Sie ein Etuikleid mit Fischgrätmuster à la Audrey Hepburn tragen, werden Sie aussehen wie eine wandelnde Modeseite aus der Vogue. Man wird Sie aus der Ferne bewundern. Sie müssen stark, selbstbewußt und voller Energie sein, um so etwas tragen zu können, sonst wirbt Ihr Outfit für sich selbst statt für Sie.

Eine Frau mit einem Rock im Leopardenmuster kann leicht

aussehen, als wäre sie auf Männerfang, egal, ob das ihre Absicht ist oder nicht. Achten Sie darauf, daß Sie die Kleider tragen und nicht die Kleider Sie.

Angenehme Köstlichkeiten

Zeit für das richtige Dessert. Zu Ihren Aktivitäten gehört als erstes vielleicht das Essen. Wenn das der Fall ist, sollten Sie das Beste aus Ihren oralen Vorlieben machen.

Im folgenden finden Sie eine Liste mit lusterweckenden und die Leidenschaft tötenden Speisen. Grundsätzlich kann man sagen, daß Nüsse, Beeren und Früchte mit Kernen für ein bißchen Action gut sind. Halten Sie sich nur von komplizierten Gerichten fern, da diese Sie nur ablenken oder Ihre Energie aufbrauchen. Und achten Sie darauf, Ihre Lippen zu benutzen, zu knabbern und zu naschen, um zu mehr persönlicher Aktivität anzuregen.

Wir raten Ihnen, für ein Date kein schweres Essen vorzubereiten, wie Fleisch oder ölige Speisen. Heben Sie sich wenigstens ein bißchen Appetit für später auf!

Zauberspeisen

Lustfördernd	Minze	Liebefördernd
Avocado	Nüsse	Ahornsirup
Cashewnüsse	Oliven	Apfel
Dill	Rettich	Aprikose
Eier	Schokolade	Avocado
Endivien	Sellerie	Birne
Kapern	Sesam	Bohnen (wirk-
Karotte	Spargel	lich!)
Knoblauch	Vanille	Chili
Kümmel	Zimt	Erdbeeren
Lakritz	Zwiebel	Feigen

Gerste	Paranüsse	Zitrone
Himbeeren	Pfefferminze	
Ingwer	Pfirsich	**Lustkiller**
Koriander	Pflaume	Ananas
Lauch	Rosmarin	Gurke
Limone	Rote Bete	Kokosnuß
Mohnsamen	Thymian	Kopfsalat
Papaya	Tomate	Orange

Diese Lebensmittel können auch als Gaben in Ritualen verwendet werden.

Frauen im antiken Rom

Die Fliesen strahlten noch die Wärme des Tages ab, als sie den Patio ihrer Villa überquerte. Ihre Finger glitten über die kühle, glatte Oberfläche der marmornen Wände. Sie hielt am Eingang zu ihrem Bad inne, um auf einem Balkon zu verweilen, der einen Blick über die Hügel Roms gewährte.

Neben ihr stand ein Tisch, auf dem Ketten aus wertvollen Steinen lagen. Deren Glanz entzückte sie, und bald schmiegten sich Türkise, Korallen und Jade um ihren Hals. Sie stellte fest, wie gut sie zu den silbernen Ringen paßten, die er aus dem Land der Pharaonen mitgebracht hatte.

Es schmerzte sie, zu wissen, daß ihr Geliebter monatelang nicht von den Kriegen zurückkehren würde. Sie erinnerte sich an die Abschiedsworte: Sie waren sich darin einig gewesen, daß sie beide Trost in den Armen anderer suchen würden – obwohl ihre Herzen einander gehörten.

Die Orgie heute nacht würde eine willkommene Ablenkung sein. Sie strich mit den Fingern durch ihr Haar, wie es später ihre Gefährten tun würden, während sie ihre Lippen auf ihren Hals, ihre Schulter preßten …

Sie löste ihr leichtes Leinengewand und ließ es wie eine Welle zu ihren Füßen auf den Boden gleiten. Sie stand nackt da und hob ihre Arme dem strahlenden Sonnenschein entgegen.

Träge beobachtete sie die auf dem Wasser schwimmenden Orangen- und Jasminblüten. Sie saß auf dem Rand der mit einem leuchtenden Mosaik verzierten Wanne und nahm die schweren Halsketten ab. Sie zog sie durchs Wasser, so daß die Blüten auf den kleinen Wellen tanzten.

Mit einem Seufzer ließ sie sich ins Wasser gleiten. Das schwere, seidige Wasser umspülte sie, leckte ihre Haut wie tausend sanfte Zungen. Die Öle der Blüten verströmten einen starken Duft und legten sich auf ihren Körper. Später würde deren Verführungskraft ihr helfen, eine Fülle von Liebhabern anzulocken.

Eine Sklavin kam mit Handtüchern aus feinstem Leinen herein, als sie aus dem Bad stieg. Sie streckte sich auf einem Diwan aus. Die Sklavin kam zurück, um ihr den Rücken und die Schenkel mit reichen Ölen zu massieren. Die Berührung erregte sie sanft, und sie stellte sich vor, sie wäre einer der jungen Männer, die heute nacht erwartet wurden. Ein Schauer der Vorfreude lief ihr über den Rücken.

Als die Schatten im Patio länger wurden, erhob sie sich, um sich für den Abend zurechtzumachen. Sie wählte eine fließende Robe aus umbragefärbter Seide in dunklem Terrakotta und Gold, die sie um ihren Körper drapierte. Diese Farben würden tiefe Sinnlichkeit ausstrahlen. Dann schmückte sie sich mit Ringen und Ohrringen aus Rubin als Zeichen ihrer Leidenschaft und war nun fast bereit, die Nacht der erotischen Verheißung zu beginnen.

Zunächst aber goß sie noch in einen blau glasierten Becher etwas vom ersten Wein des Sommers. Zusammen mit den Datteln, die sie zuvor in ihrem Garten gesammelt hatte, opferte sie ihn Bacchus, dem Gott der Lust und des Weines. Sie legte der Göttin Venus Blumen und Öle zu Füßen, um die interessantesten Verehrer anzulocken und zu verführen. Als sie all das wunderschön auf dem Altar arrangiert hatte, setzte sie sich vor den niedrigen Tisch und meditierte, um ihre Sinne zu öffnen und zu erweitern.

Sie entzündete eine Kerze und hielt sie vor ihren Körper. Die Flamme glühte vor den Chakren, die die Wiege ihrer Sexualität waren. Sie stellte sie sich vor – die kleinen, in der Mitte rotierenden Kreise unterhalb ihres Nabels und oberhalb ihres Geschlechts –, und sie spürte die Wärme des Feuers. Ihr Atem zog die Energie der Flamme in ihren Körper hinein und entzündete so ihre sinnlichen Kräfte.

Sie führte sie an die übrigen fünf Chakren, mit Ausnahme des Herzens. Ihre Hand ruhte zwischen ihren Brüsten, als sie sich an die Zärtlichkeit erinnerte, die sie mit ihm geteilt hatte. Mit großer Sorgfalt schützte sie anschließend ihr Herz mit einem Achatanhänger an einer Korallenkette. So würde sie ihr Versprechen an ihn, daß sie keinem anderen ihre Liebe schenken würde, auch wenn er ihren Körper besäße, halten.

Vor ihrem inneren Auge sah sie den kommenden Abend vor sich, der von außergewöhnlichen erotischen Genüssen erfüllt sein würde.

Übersinnlicher Sexappeal

Sie spüren die festliche Stimmung und denken sich: »Toll, eine Party mit lauter phantastischen Leuten.«

Sie tragen ein smaragdgrünes Kleid, sind in Patschuli-Duft gehüllt und bereit, mit dem Verzaubern zu beginnen. Da erregt plötzlich schallendes weibliches Gelächter Ihre Aufmerksamkeit. Sie blicken in die Richtung, aus der es kam. Ihre Augen erkennen einen am Eingang hofhaltenden Neuankömmling in einem blassen aquamarinblauen Kleid und einem wehenden pfirsichfarbenen Schal.

Ihre Verteidigung ist alarmiert. Sie haben alle Instruktionen dieses Buchs bis hin zur Farbe Ihrer Zehennägel befolgt; sie ist erst seit zwei Minuten hier und hat schon drei Prinzen um sich, die um ihre Aufmerksamkeit buhlen. Wie das?

Verständlicherweise sind Sie perplex und vielleicht ein wenig irritiert. Sie gehen wie zufällig an ihr vorbei und checken sie ab. Dabei atmen Sie ihren Duft nach Orangenblüten und Moschus ein.

Ihnen wird klar, daß sie dieses Buch ebenfalls gelesen haben muß.

Aber etwas verwundert Sie trotzdem: Was ist die Extra-Zutat, die besondere Eigenschaft, die sie so anziehend macht? Das läßt sich mit zwei Worten zusammenfassen: ÜBERSINN-LICHER SEXAPPEAL.

In der Antike wußten bezaubernde Frauen wie Kleopatra oder die schöne Helena genau, wie sie ihren inneren Sexappeal einzusetzen hatten, damit sich die Männer um sie schlugen.

»Prima, ich würde auch gerne den Mann meines Lebens in

einen legendären Liebhaber verwandeln«, sagen Sie jetzt. »Wie genau macht man das? Muß ich meine Haare färben? Eine andere Zahnpasta verwenden?«

Tut uns leid, aber nicht einmal mit allen Wundern der modernen Wissenschaft kann ein Produkt dieser Welt eine sexuelle Anziehungskraft erzeugen, die stärker wäre als die, die Sie ohnehin bereits besitzen – durch Ihr Frausein. Das magische Handwerkszeug der richtigen Farben, Düfte usw. ist nichts weiter als eine nette Ergänzung zu Ihren eigentlichen Zauberkräften:

Ihr wahrer Sexappeal liegt in Ihrer übersinnlichen Energie.
Sicher hatten Sie auch schon einmal das Gefühl, »drauf« zu sein – Sie fühlen sich wunderbar, und die Welt scheint voller neuer Versprechen. (So als ob Sie sich mitten in einer beginnenden Liebesgeschichte befinden, mit Ihrem Baby an einem milden Frühlingstag spazierengehen oder bei einem geschäftlichen Meeting hofhalten würden.) Jeder, selbst Ihr brummiger alter Chef, bemerkt, wie großartig Sie aussehen. Dabei hat sich nichts geändert, physisch sind Sie immer noch dieselbe … außer, was Ihre Energie angeht. Wenn sie wirkt, sehen die Menschen Ihrer Umgebung Sie wirklich anders, einfach schöner, strahlender. Mit ein bißchen Nachhilfe und etwas Übung bleibt dieses wunderbare Gefühl nicht länger dem Zufall überlassen.

Wir möchten Ihnen versichern, daß Sie keine totale Anfängerin mehr sind. Schließlich steckt ein bißchen von der schönen Helena in uns allen. Spuren davon finden Sie in Ihrer natürlichen Vorliebe für luxuriöse, parfümierte Bäder oder für stimmungsvolle Musik vor einem romantischen Rendezvous. Das sind energetische Antriebe, die helfen, das Gefühl »Ich bin toll« heraufzubeschwören.

Was ruft nun tatsächlich dieses besondere Strahlen hervor? **Ihre Aura: Die Quelle Ihrer persönlichen Energie und natürlich Ihr übersinnlicher Sexappeal.** Von ihr sind Sie ständig umgeben; und sie hat die Macht, Menschen zu berühren oder abzustoßen – egal ob Ihnen das bewußt ist oder nicht. Damit Sie wissen, was Ihre Aura ist, stellen Sie sich eine weiche Wolke farbigen Lichts um Ihren Körper herum vor. So ungefähr sieht Ihre Aura aus. Diese Energie ist fließend und formbar. Sie verändert sich in Form und Farbe und spiegelt Ihre körperliche und emotionale Verfassung wider, und sie teilt dieses Gefühl auch anderen mit.

Wenn das alles neu für Sie ist, wird Ihnen die folgende einfache Übung helfen, Ihre Aura zu spüren.

Ihre Aura spüren

Halten Sie Ihre Handfläche über die Handfläche von jemand anderem. Nähern Sie Ihre Handflächen einander bis auf etwa zehn Zentimeter. Lassen Sie Ihre Hände dort, bewegen Sie sie nur vor und zurück, bis Sie etwas fühlen – es kann Wärme sein, ein Kitzeln oder das leichte Gefühl, von etwas zurückgedrückt zu werden. Sie fühlen jetzt die Aura der anderen Person.

Bei einer Übung für Fortgeschrittene können Sie beide versuchen, die Energie zu verstärken oder abzuschwächen, indem Sie sich auf die Kraft in Ihren Händen konzentrieren. Versuchen Sie, die Veränderungen in der Aura zu erspüren*.

Es ist ganz normal, sich beim ersten Mal dumm vorzukommen oder an sich selbst zu zweifeln, aber lassen Sie sich davon nicht abhalten. Das ist nicht nur Ihre Einbildung. Und der Glaube daran wird für den weiteren Verlauf sehr wichtig sein, weil Sie daran glauben müssen, um die Magie greifbar machen zu können!

---

*Für die Skeptiker unter Ihnen – es handelt sich hierbei nicht um Körperwärme: Den Beweis dafür liefert z.B. die Kirlian-Fotografie. Auren existieren und können sichtbar auf Film festgehalten werden. Manche Leute können Sie sogar mit bloßem Auge sehen.

Haben Sie schon mal jemand getroffen, bei dem es sofort
»klick« gemacht hat? Oder haben Sie schon mal jemand die
Hand gegeben und eine augenblickliche Abneigung verspürt?
Wenn Sie den Charakter eines Menschen schon beim ersten
Zusammentreffen spüren können, ist das ein Hinweis darauf,
daß Sie auf Auren eingestimmt sind. Sie spüren, wie sich die
Energie Ihres Gegenübers mit der Ihren vermischt. Wenn es
wahre Liebe ist, werden Sie die Kraft zweier Auren – seiner
und Ihrer – wie eine pulsieren spüren.

Auren sind aber nicht nur in der Liebe, sondern auch in anderen Lebensbereichen wirksam. Zum Beispiel merken Sie die Ge-
genwart eines machtvollen Menschen dadurch, daß Sie seine
Aura auch aus der Entfernung spüren. Der Dalai Lama besitzt
die Fähigkeit, seine Energie auf eine ganze Menschenmenge wirken und jeden einzelnen sein Mitgefühl und seine Liebe spüren
zu lassen – einfach indem er seine Aura verändert.

Die verführerische Aura

Sie können Ihre Aura verändern und sie jeder Situation anpas-
sen. Zauberinnen schätzen sie allerdings als besonders nützli-
ches Hilfsmittel für Liebe und Verführung. Dafür ist es nötig,
daß Sie Ihrer Energie einen besonderen, einen sexy Drall geben
und so Ihre Alltagsaura in die verführerische, bezaubernde,
umschmeichelnde speziell weibliche energetische Aura verwandeln.

Wie nützlich das sein kann, wenn Sie in der Stimmung für
Liebe sind, läßt sich leicht veranschaulichen. Wenn Sie sich
beispielsweise zu jemandem hingezogen fühlen, laden Sie in-
stinktiv Ihre Aura auf, um dessen Aufmerksamkeit zu gewinnen. (Das merken Sie daran, daß die überschüssige Energie Sie
nervös macht.) Stellen Sie sich nur den Unterschied vor, den es
ausmachen wird, wenn Sie beginnen, sich eine perfekte weibliche energetische Aura schaffen. Eine gute Aura wird:
• Ihre Anziehungskraft verstärken

- einen Gefährten anlocken
- Ihren Eindruck bei anderen prägen und ändern
- Ihrem Geliebten verlockende Botschaften übermitteln
- sich mit der Energie Ihres Geliebten verbinden und die gemeinsame Erfahrung intensivieren und Ihre Bindung vertiefen.

Reinigung der Atmosphäre, bevor Sie die weibliche energetische Aura erzeugen
(Besen nicht erforderlich)

Sie würden nie mit ungewaschenen Haaren und abstoßendem Mundgeruch auf eine Party gehen. Und Sie sollten auch nie mit einer »schmutzigen« Aura gehen. Wie alles andere, kann auch Ihre Aura durch die alltägliche Beanspruchung schmuddelig, schwach oder einfach negativ werden. Eine düstere Aura kann bewirken, daß Sie sich müde, unattraktiv und langweilig fühlen – nicht gerade sehr förderlich für die geplante Magie. Da man eine Aura nicht in die Waschmaschine geben kann, hier ein paar bessere Vorschläge, wie Sie sie reinigen können.

Das Reinigen Ihrer Aura ist einfach, und Sie sollten es mindestens einmal pro Woche tun. Da wir uns an uralte Weisheiten halten, erfordern unsere Methoden immer den Einsatz natürlicher Stoffe. In diesem speziellen Fall werden wir uns der vier Elemente – Feuer, Erde, Luft und Wasser – bedienen.

Salz

Eine Dusche oder ein Bad mit Seesalz entspricht einer Anrufung der Elemente Wasser und Erde. Das Salz (Erde) zieht die Negativität aus Ihrer Aura heraus, das Wasser fließt durch sie hindurch und reinigt sie. Zusammen nehmen diese Elemente energetische Flecken von Ihnen, spülen Trübungen den Abfluß hinunter – und hinterlassen Sie erfrischt und mit einer strahlenden Aura.

Reinigung Ihrer Aura I

Verwenden Sie natürliches grobes Meersalz, das Sie in jedem Lebensmittelladen bekommen. (Wir empfehlen Ihnen kein Salz aus dem Toten Meer, weil wir herausgefunden haben, daß es negative Wirkungen hervorrufen kann.) Wenn Sie ein Bad nehmen möchten, lösen Sie es im Wasser auf, und tauchen Sie dann hinein. Beim Duschen oder Baden verreiben Sie das Salz auf Ihrem Körper. Schenken Sie dabei der Mitte Ihres Torsos, Ihren Handflächen und Fußsohlen sowie allen anderen Körperstellen, bei denen Sie das Gefühl haben, daß sie das brauchen, besondere Aufmerksamkeit.

Ausräuchern

Diese Methode der amerikanischen Ureinwohner wird auch Ihre Aura reinigen. Diese mystische Allzweck-Räuchermischung besteht aus getrocknetem Salbei, oft gemischt mit Zedernholz oder Vanillegras. Übrigens: Beim Verbrennen riecht das Ganze ein bißchen wie Marihuana. Das Räucherwerk wird oft um einen Stock gebunden. Sie erhalten es in New-Age-Läden, im Versandhandel und in manchen Naturwarenläden.

Dabei handelt es sich um eine Kombination der Elemente Feuer und Luft. Das Feuer setzt die Eigenschaften der Pflanzen frei (Salbei befreit Sie von Giftigkeit, Zedernholz oder Vanillegras setzt positive Energie an dessen Stelle), und der Rauch vermischt das Ganze mit Ihrer Aura. Wenn sich der Rauch auflöst, ist Ihre Aura gereinigt.

Reinigung Ihrer Aura II

Entzünden Sie den Räucherstab und blasen Sie die Flamme aus. Schwenken Sie den glühenden Stab um Ihren Körper herum. Schenken Sie dabei denselben Bereichen Ihres Körpers wie bei der ersten Übung besondere Beachtung. Fahren Sie solange damit fort, wie Sie es als nötig empfinden.

Ein zusätzlicher Nutzen: Sie reinigen damit zugleich die Raumluft. Toll auch fürs Büro (nehmen Sie die Reinigung vor, wenn kein anderer da ist).

Ihre weibliche energetische Aura

Sie können Ihre weibliche energetische Aura vor einem Abend der Verführung erzeugen oder einfach nur, um sich gut zu fühlen. Und machen Sie sich keine Sorgen, daß Sie damit Leute anlocken könnten, die Sie dann nicht wieder loswerden. Sie haben immer noch die Wahl, wen Sie damit ansprechen wollen und wen nicht.

Für Anfänger

1. Setzen Sie sich hin.
2. Schließen Sie die Augen.
3. Machen Sie ein paar tiefe, entspannende Atemzüge, bis Sie sich offen und ruhig fühlen. Wenn Ihnen das schwerfällt, spannen Sie nacheinander alle Ihre Muskeln an. Beginnen Sie bei Ihren Gesichtsmuskeln und arbeiten Sie sich nach unten vor. Konzentrieren Sie sich danach auf Ihren Atem und lassen alles andere locker.
4. Finden Sie zu der Energie, die Sie in sich selbst erzeugen wollen: Stellen Sie sich etwas vor, das Ihnen hilft, sich leichter und attraktiver zu fühlen (Urlaubsorte, schöne Erinnerungen). Versuchen Sie, sich an ein Gefühl aus der Vergangen-

heit zu erinnern. Nehmen Sie sich ein Beispiel an der Energie von jemand anderem, dessen Eigenschaften Sie mögen.

5. Atmen Sie dieses Gefühl ein und füllen Sie sich selbst damit. Benutzen Sie all Ihre Sinne – Sehen, Schmecken, Fühlen, Hören, Riechen. Machen Sie diesen Eindruck so real wie möglich. Sie können zur Unterstützung Fotos, Musik, Düfte und Souvenirs benutzen.

6. Wenn Sie das Gefühl so umfassend, wie Ihnen möglich ist, erzeugt haben, lassen Sie es über Ihren Körper hinaus und in Ihre Aura strömen. Geben Sie sich ganz dieser Erfahrung hin. Öffnen Sie langsam die Augen, ohne den Zauber zu brechen. Nehmen Sie diese Erfahrung mit in Ihren Tag.

Sie haben gerade Ihre erste weibliche energetische Aura erzeugt. Wählen Sie Musik, einen Duft, Farben und Kleidung, die das zum Ausdruck bringen – lassen Sie sich intuitiv zu den Dingen führen, die Ihre neue Schöpfung bereichern und beleben.

Lassen Sie sich nicht entmutigen, wenn das Gefühl beim ersten oder sogar beim fünften Mal nicht klar und eindeutig ist. Es ist so, als würden Sie mit einem alten Freund wieder neu vertraut werden, das braucht seine Zeit.

Glauben Sie daran, daß Sie es schaffen können, das ist schon die halbe Miete.

Aura-Erzeugung auf andere Art

Legen Sie sich Musik auf, die Sie mögen oder etwas, das Ihnen hilft, sich sexy, selbstbewußt und kokett zu fühlen. (Wir benutzen *Walk Like an Egyptian* bei manchen Sitzungen. In Esoterik-Läden werden Sie viele CDs oder Kassetten mit Musik finden, mit deren Hilfe Sie lernen können, aus sich herauszugehen.)

Bewegen Sie sich zur Musik, singen Sie mit, lassen Sie sich fallen. Sie sind der Star. Während die Musik noch weiterläuft, bereiten Sie sich in dieser Stimmung auf den Tag oder Abend vor. Übrigens: Es schadet nie, dabei etwas Schmeichelndes oder Luxuriöses zu tragen.

Erhaltung Ihrer Aura

Ihre unsichtbare Wolke aus Schönheit und Geheimnis schwebt mit Ihnen durch die Wohnungstür und ins Auto, aber dann … wohin entschwindet sie?

Am Anfang mag es Ihnen schwerfallen, Ihre Aura über einen längeren Zeitraum zu halten. Übung und Reinigung werden Ihnen dabei helfen. Während Sie Ihre Aura erzeugen, können Sie auch ein Objekt – vorzugsweise etwas Natürliches wie Edelsteine, einen durchsichtigen Quarzkristall oder einen Seidenschal in der Hand halten. (Letzterer ist ideal, weil Sie ihn danach gleich tragen können.) Ihr Objekt nimmt die Energie auf und wirkt wie ein Anker für Ihre Aura. Das wird Ihnen helfen, sie zu halten. Mit einem solchen Anker ist es leichter, sich an eine verblassende Aura zu erinnern und diese zurückzubeschwören.

Keine Aura gleicht exakt einer anderen. Sie können sie keß, unschuldig, königlich oder alltäglich gestalten. Lernen Sie einige der Möglichkeiten kennen, die Freundinnen von uns erprobt haben.

Aura Nummer eins

Irenes Aura: Unschuldiger Charme

Diese Aura ist eine wundervolle Möglichkeit, um mit dem Üben zu beginnen. Sie ist leicht zu handhaben und erzeugt kaum negative energetische Störungen. Unsere Freundin Irene war neugierig, aber etwas ängstlich, was die Nutzung ihrer neu entdeckten Fähigkeiten betraf. Wir berieten sie dabei, wie sie gefahrlos Interesse wecken konnte.

Irene suchte sich ein Wochenende aus, an dem sie nichts besonderes vorhatte. Wir empfahlen ihr, ihre weibliche energetische Aura in einem Museum auszuprobieren und sie an Menschen zu testen, die sie nicht kannte.

Irene wünschte sich die Ausstrahlung von Doris Day in *Bettgeflüster*. Sie hielt eine kurze Perlenkette, das Markenzeichen des femininen Stils der fünfziger Jahre in der Hand und stellte sich die Farbe Rosa und ein Gefühl von Lebhaftigkeit, Frische, Unschuld und großer Direktheit vor. Ihre Garderobe paßte zu ihrer weiblichen energetischen Aura: ein sonniges Baumwollkleid, die bereits erwähnten Perlen, um ihre Aura zu verankern, Seitenscheitel und Rosenduft.

Sie ging ins Museum und war gespannt auf Hinweise darauf, daß ihre Aura funktionierte. Ergebnis: Die Museumswärter fielen beinahe übereinander, in dem Bemühen, ihr behilflich zu sein; sie hätte schwören können, daß ein junger Mann ihr nachstellte, aber sie ermutigte ihn nicht (das hätte Doris Day schließlich auch nicht getan); und auf dem Heimweg sagte ihr jemand, sie wirke wie ein Frühlingshauch. Irene ging schnell zu schwierigeren Auren über.

Aura Nummer zwei

Lisas Aura: Betörende Versuchung

Wenn Sie nach einer weiblichen energetischen Aura suchen, um mehr Interesse und Leidenschaft zu wecken, ist das hier wie eine Seite aus dem biblischen Buch Delilah.

Lisa wünschte sich eine Aura, die die Begeisterung ihres Gefährten für sie steigerte. Auf unseren Rat hin vereinbarte sie mit ihm, sich nach der Arbeit in einem Restaurant zu treffen. (Eine neue und anonyme Umgebung hilft ihm oft, Sie in einem neuen Licht zu sehen.) Und das ist die Aura, die sie erzeugte, bevor sie ihn traf:

Gleich nach Einbruch der Dämmerung setzte Lisa sich an einen Tisch, auf dem eine rote Kerze und eine rosafarbene Rose in einer hübschen Vase standen. Sie zündete die Kerze an und setzte sich in einen bequemen Sessel, dabei trug sie nur einen seidenen Morgenrock. Als sie sich entspannt hatte, legte sie Madonnas *Vogue* auf und drehte die Lautstärke so hoch, bis sie sie in ihrem Körper spürte. Dann nahm sie die Rose aus der Vase und tanzte mit ihr durchs Zimmer. Ihre Bewegungen erzeugten eine sinnliche Aura. Sie tanzte so lange, bis sie sich bezaubernd und stark fühlte.

In dieser Stimmung parfümierte sie ihren Körper mit Jasminduft und zog sich an. Dabei hielt sie die Rose weiterhin in der Hand. Als sie absichtlich ein bißchen verspätet im Restaurant eintraf, küßte sie ihren Geliebten leidenschaftlich, aber kurz (im Stil von Madonna). Sie steckte ihm nur schnell die Rose ans Revers und verschwand dann auf der Toilette.

Dort blickte sie in den Spiegel, sah sich in die Augen und ließ den Zauber und die Schönheit ihrer eigenen Kraft sich entfalten. Mit einer ruhigen, katzenhaften Erscheinung kehrte sie zu ihm zurück.

Das Ergebnis? Er schlug vor, das Essen mit nach Hause zu nehmen.

Aura Nummer drei

Franziskas überwältigende Reize

Dies ist das Dilemma der modernen Frau: Wie begegnet sie der neuen Freundin ihres Ex mit Würde? Franziska hatte genau dieses Problem. Sie wollte zu einer Party, von der sie genau wußte, daß sie dort ihren früheren Mann und dessen junge Freundin treffen würde. Ihre natürliche Reaktion wäre gewesen, zu versuchen, die Freundin schlecht aussehen zu lassen. Die magische Tradition kennt darauf allerdings eine andere Antwort. Verschwenden Sie nicht Ihre Zeit und Energie, um die andere klein zu machen, sondern strahlen Sie lieber selbst um so heller.

Klarheit stand an erster Stelle auf der Tagesordnung. All der Ärger und die Angst, die Franziska aufgestaut hatte, schränkten ihre Energie nur ein. Wir erwarten von keiner Frau, daß sie zur Heiligen wird – ein bißchen Zorn kann elektrisierend wirken, wenn man ihn richtig einsetzt. Wir empfahlen ihr, eine Wohlfühlbehandlung für Körper und Selbstwertgefühl – Haare, Nägel, Massage usw.

Am Abend der Party suchte sich die geläuterte und entspannte Franziska Objekte ihrer Kraft zusammen: Ohrringe, die ihre Kinder ihr geschenkt hatten, eine Auszeichnung, die sie für ihre Arbeit bekommen hatte, Erbstücke einer starken Großmutter und eine Schale voller Früchte (als Symbol weiblicher Kraft und Sinnlichkeit). Sie nahm diese Dinge eins nach dem anderen in die Hand und spürte den Stolz, die Stärke und die Vollkommenheit, die in jedem von ihnen steckte. Als ihre weibliche energetische Aura in den Farben ihrer eigenen Kraft zu glühen begann, sprach sie folgende Worte laut aus:

Ich erkenne und ehre
Diese Gaben, die mein sind.
Ich verwebe sie in meinen Umhang aus Kraft.

Mit fest an den Boden gedrückten Füßen stellte sie sich vor, wie die Kraft aus dem Mittelpunkt der Erde ihre Beine hinauf in ihren Körper strömte und sie mit der antiken Göttin in Verbindung brachte. Dann sprach sie:

Große Göttin und Quelle meines Lichts
Ich erbitte heute abend deine Kraft in mir
Von nun an und in den Stunden dieser Nacht
Besitze und beschwöre ich meine ruhmreichen Kräfte.

Sie stellte sich vor, wie sie unter Einsatz ihrer besonderen Kräfte auf der Party tanzen, lachen und sich unterhalten würde. Am Schluß aß sie eine der Früchte aus der Schale und preßte ihre Hände auf den Boden, um der Erde die Kraft des Rituals zurückzugeben.

Franziska rief uns kurz nach der Party ganz begeistert an. Sie hatte einen tollen Abend gehabt, und ein interessanter Mann, den sie dort kennengelernt hatte, hatte sie bereits angerufen. Sie war auch amüsiert über ihr totales Desinteresse an ihrem Ex-Mann und dessen neuer Flamme, auch wenn sie mit Genugtuung feststellte, daß er ihr mit seinen Augen überallhin folgte. Sie wußte, daß sie ihre weibliche energetische Aura gänzlich von seiner gelöst hatte. Franziska benutzt ihre Kraft jetzt viel unbeschwerter.

Ein paar Tips zu Energie-Objekten

- Jedes Objekt sollte Ihnen persönlich etwas bedeuten.
- Alle Objekte, die Sie bei sich tragen, sollten aus natürlichen Materialien bestehen.
- Spezifisch weibliche Energie-Objekte sind: Blumen, Kristalle und Edelsteine, Schalen und andere Gefäße, Muscheln, Früchte, Kerzen, Wasser und Düfte. Benutzen Sie eines oder mehrere dieser Dinge, solange sie positive Gefühle bei Ihnen auslösen. Es können auch Objekte sein, die Sie an jemand erinnern, den Sie lieben – wie z.B. ein Erbstück Ihrer Lieblingstante.
- Lassen Sie die Finger von Dingen, mit denen Sie schmerzhafte Erinnerungen verbinden, oder Sachen, die Sie nicht wirklich mögen.

Grundlagen zur Schaffung einer weiblichen energetischen Aura: Zusammenfassung

Auch wenn es keine exakte Formel gibt (Zaubern ist eine sehr individuelle Angelegenheit), können Sie diese Empfehlungen nutzen, um Ihre eigene Aura zu erzeugen.

1. Als erstes reinigen Sie Ihre weibliche energetische Aura.
2. Legen Sie sich alle Objekte zurecht, die Sie benutzen wollen.
3. Setzen Sie sich in Ruhe hin, möglichst nach Einbruch der Dämmerung. Sie sollten auf jeden Fall genügend Zeit haben, Ihren Zauber zu vollbringen, bevor er kommt. (Keine Hektik!) Schalten Sie Ihren Anrufbeantworter an, und gehen Sie nicht ans Telefon.
4. Seien Sie kreativ, und machen Sie es sich gemütlich. Magie kennt keine Grenzen.

Eine Aura für fortgeschrittene Zaubereien

Greifen Sie, um die Gipfel der Verzauberung zu erreichen, auf die Quellen Ihrer weiblichen energetischen Aura zurück: die sieben übersinnlichen sexuellen Energiepunkte auf Ihrem Körper – die Chakren. Auch Ihre funktionieren bereits, Sie sind sich dessen nur noch nicht bewußt. Unsere Schwestern in der Vorzeit benutzten diese Zentren fortwährend und mit großem Geschick.

Falls Sie bereits mit den Chakren vertraut sind, hier nur nochmal eine kurze Auffrischung in sexueller Hinsicht. Wenn diese Energiequellen neu für Sie sind, werden Sie sie bald lieben. Sie kennenzulernen, ist gar nicht schwer, da Sie nur uraltes Wissen neu beleben; das ist nicht so wie mit Algebra.

Denken Sie an Salome und ihren Tanz mit den sieben Schleiern. Sie zeigte und verhüllte ihre Zentren, lockte ihre Liebhaber und wies sie zurück.

Die sieben Quellen des erotischen Hexenzaubers

Ihre Energiezentren sind mit dem bloßen Auge nicht sichtbar; man fühlt sie eher, als daß man sie sieht. Ihre Chakren empfangen übersinnliche Energie von anderen Menschen und senden Ihre Energie an andere aus – es funktioniert wie ein unterbewußtes Kommunikationsnetz.

In der Malerei und Literatur werden sie oft als konzentrische Kreise dargestellt (wie kleine Whirlpools), als Türen, die sich öffnen oder schließen lassen und Ihre Kräfte nach außen tragen oder sie zurückhalten.

Diese sieben Zentren erscheinen auf der Vorder- und Rückseite Ihres Körpers. Wir werden sie im Laufe dieses Buches noch öfter brauchen. (Sie sind auch ein Teil des verlorenen uralten Wissens, von dem wir schon gesprochen haben.) Sie sind die Schlüssel zu tiefer sexueller Verzauberung.

Nehmen Sie sich die Zeit, ganz vertraut mit allen sieben zu werden. Kommen Sie immer dann wieder auf die Beschreibungen und Übungen zurück, wenn Sie das Gefühl haben, sich von sich selbst entfernt zu haben. Niemand kann alles auf einmal lernen. Übung, Glaube und ein kleines bißchen Magie werden Ihnen den Zugang zu diesen mächtigen Kraftquellen verschaffen und Ihre mystische Seite zum Leben erwecken.

Erstes Zentrum
(Wurzel- oder Basis-Chakra)

Dieses Zentrum ist leicht zu merken. Es liegt zwischen Schambein und unterem Ende der Wirbelsäule über den Geschlechtsorganen. Es ist der Ursprung der Lebenskraft und der Sexualität. Das Wurzel-Zentrum ist am engsten mit der Erde, einer sehr weiblichen Energiequelle, verbunden. Wenn Sie sich vorstellen, daß eine Schnur vom Mittelpunkt der Erde bis zum

Ende Ihrer Wirbelsäule reicht, können Sie vielleicht Ihr Wurzel-Zentrum pulsieren spüren.

Seine dunkelrote Energie (sich diese Farbe vorzustellen hilft auch, das Chakra zu spüren) ist ein Symbol für Verlangen und die Körperlichkeit der Sexualität. Wie Sie sich denken können, spielt dieses Zentrum eine wichtige Rolle bei der Erzeugung von sexueller Lust.

Übung für das Wurzel-Chakra

Setzen Sie sich mit geradem Rücken auf einen Stuhl und stellen Sie beide Füße auf den Boden. Atmen Sie in Ihren Bauch hinein. Spüren Sie Ihre Beine und Füße.

Probieren Sie aus, ob Sie durch Ihre Füße eine Verbindung mit dem Boden spüren können. Fühlen Sie das Gewicht Ihres Körpers und den sanften Zug der Schwerkraft, die Sie in Verbindung mit der Erde hält. Konzentrieren Sie sich auf das Ende Ihrer Wirbelsäule und bemühen Sie sich, den schwachen Fluß von Energie zu spüren, der von dort aus durch Ihre Beine hindurch zum Mittelpunkt der Erde strömt. Das ist Ihr Wurzel-Zentrum.

Atmen Sie dorthin, spüren Sie es mit Ihrem Körper und stellen Sie sich das dunkle Rot, das diesen Bereich erfüllt, vor. Wenn nötig, legen Sie eine gewölbte Hand auf die Stelle – oder was auch immer Ihnen hilft, sie besser zu spüren.

Können Sie spüren, daß eine Energie im Bereich Ihres Schambeins oder am Ende Ihrer Wirbelsäule pulsiert oder kreist? Was für ein Gefühl ist das? Verändert sich etwas? Haben Sie den Eindruck, daß sich etwas geöffnet hat? Fühlt es sich warm oder heiß an? Konzentrieren Sie sich weiter auf diese Stelle, und atmen Sie dort hinein. Vielleicht haben Sie ganz bestimmte Emotionen oder sehen Bilder dabei. Seien Sie offen für diese Erfahrung, und lassen Sie sie geschehen. Egal, was Ihr Verstand Ihnen sagt, es gibt hier kein Richtig oder Falsch.

Zweites Zentrum
(Nabel- oder Milz-Chakra, Sakralzentrum)

Das Nabel-Zentrum befindet sich etwa fünf Zentimeter unterhalb Ihres Nabels. Wenn Sie sich das erste Mal zu jemand hingezogen fühlen, wird dieses Zentrum stimuliert. Berührung und Fürsorge werden seine Kräfte stärken. Der weibliche Wunsch nach Fortpflanzung und Mutterschaft hat hier seinen Ursprung.

In diesem Energiezentrum werden dem eher primären sexuellen Drang des Wurzel-Zentrums Gefühle wie Freude und leidenschaftliche Verbindung hinzugefügt. Es ist von Natur aus weicher, und seine Farbe Orange ist sanfter als die des ersten Zentrums.

Übung für das Nabel-Chakra

Legen Sie Ihre Hände etwa zwei bis drei Zentimeter unterhalb Ihres Bauchnabels auf Ihr Nabel-Zentrum. Denken Sie an jemand, zu dem Sie sich hingezogen fühlen – einen Filmstar, Ihren Geliebten, irgend jemand, der Ihre Leidenschaft weckt.

Atmen Sie in dieses Zentrum hinein, und probieren Sie aus, ob Sie spüren können, wie seine Energie zunimmt. Fühlen oder visualisieren Sie ein orangefarbenes Licht, das diesen Bereich ausfüllt. Ist es heiß, warm, kühl, schwer zu erspüren, leer?

Atmen Sie ruhig weiter, während Sie das tun, und lassen Sie Ihre Hände an derselben Stelle ruhen. Denken Sie daran, ein Kind zu bekommen. Wie fühlt sich das an? Anders?

Fahren Sie fort, indem Sie Ihre Aufmerksamkeit auf andere Menschen lenken – Liebhaber, Eltern, Freunde, Geschwister. Achten Sie auf jegliche Reaktionen.

Übrigens: Was Sie »aus dem Bauch heraus« tun, kommt von hier.

Drittes Zentrum
(Solarplexus-Chakra oder Sonnengeflechtszentrum)

Der Solarplexus nimmt mit Ihrer persönlichen Stärke zu und
ab. Er befindet sich in der Mitte Ihres Brustkorbs. Wenn Sie
auffallen und beachtet werden wollen, aktivieren Sie den Solarplexus, indem Sie die Farbe Gelb in ihn »hineinatmen«. Dies ist
das Zentrum, das Ihre persönliche Energie und Ihren Ego-Trieb
steuert – Ihre Darstellung von sich selbst nach außen.

Für die Verführerin ist dieses Zentrum nicht gerade besonders nützlich. Nur wenn Sie mit Ihrem Partner kämpfen, Herr
und Sklavin spielen oder eine ungleiche Beziehung pflegen,
wird dieses Zentrum sexuell stimuliert. Eine Vergewaltigung –
ein Akt der Gewalt und Macht – würde mit diesem Zentrum
erfahren.

Übung für das Solarplexus-Chakra

Stehen Sie mit beiden Beinen fest auf dem Boden. Heben Sie
die Arme über den Kopf, verschränken Sie die Finger, und bie-
gen Sie Ihren Rücken leicht nach hinten. Dehnen Sie sich,
atmen Sie ein, und lassen Sie bei jedem Ausatmen ein »Aah«
hören. Dabei lassen Sie Ihren Oberkörper so weit nach vorne
fallen, daß Ihre Arme zwischen den Beinen durchschwingen.
Wiederholen Sie diese Bewegung fünf- bis zehnmal.

Stellen Sie sich dann wieder aufrecht hin und konzentrieren
Sie sich auf Ihren Solarplexus. Atmen Sie helles Gelb in ihn
hinein. Finden Sie heraus, wie sich das anfühlt. (Das ist auch
ein gutes Ventil, um Ärger abzulassen, sollten Sie sich also über
etwas aufregen, können Sie sich damit abreagieren.)

Viertes Zentrum
(Herz-Chakra)

Das Herz-Zentrum läßt sich mit einem Wort zusammenfassen: Liebe – für ihn, für sich selbst, für das Leben. Es liegt in der Mitte Ihrer Brust und öffnet sich, wenn Sie mit jemand schlafen, den Sie lieben. Vielleicht haben Sie hier schon mal ein warmes Glühen verspürt.

Die grüne Energie des Herzens bildet das Gleichgewicht oder die Mitte der sieben Zentren. Mit diesem Chakra verbindet man auch Freude, Anmut, Toleranz und bedingungslose Liebe. Es unterscheidet sich vom zweiten Zentrum insofern, daß das Herz nicht vom Verlangen nach jemand oder etwas stimuliert werden muß. Es ist ein Zustand. Sie können dieses Zentrum dazu nutzen, anderen zu helfen und sich selbst besser zu fühlen.

Übung für das Herz-Chakra

Oft ist das erste, was diese Übung hervorruft, Traurigkeit – erlauben Sie ihr, an die Oberfläche zu treten und sich dort aufzulösen. Erst dann wird in Ihnen mehr Raum für Glück und heitere Gelassenheit sein.

Legen Sie die Fingerspitzen auf Ihr Herz-Zentrum. Dieser oft weiche Punkt befindet sich zwischen Ihren Brüsten auf Ihrem Brustbein.

Drücken Sie sanft auf das Chakra. Wie fühlt sich das an – körperlich, seelisch? Müssen Sie sofort an jemand oder etwas denken?

Stellen Sie sich vor, Sie säßen in Ihrem Herzen. Atmen Sie. Versuchen Sie, Akzeptanz und Liebe für sich selbst zu empfinden. Dann füllen Sie dieses Zentrum in Ihrer Vorstellung mit der Farbe Grün. Ist es ein dunkles Grün oder ein helleres? Atmen Sie weiter. Probieren Sie aus, ob Sie das Mitleid und den

Frieden fühlen, die dieses Zentrum geben kann. (Letzteres ist vielleicht nicht ganz einfach. Nehmen Sie sich deshalb etwas Zeit, um damit vertraut zu werden, wie es funktioniert.)

Fünftes Zentrum
(Kehlkopf-Chakra)

Mit Hilfe dieses Zentrum können Sie Beschwörungsformeln Zauberkraft verleihen. Lustvolles Stöhnen steigert Ihre Ekstase beim Liebesakt. Von geflüsterten leidenschaftlichen Worten bis hin zu Lustschreien – Sie drücken all Ihre Wünsche und Gefühle durch das Kehlkopf-Chakra aus. Die Farbe Blau wird diesen Äußerungen Klarheit verleihen.

Das Kehlkopf-Chakra ist jedoch nicht nur für das Sprechen, sondern auch für das Zuhören zuständig – für die Aufnahme der Äußerungen anderer. Die Energie dieses Zentrums schließt Kreativität, Symbolismus und die Artikulation von Gedanken und Gefühlen ein.

Übung für das Kehlkopf-Chakra

Beginnen Sie mit Kopfkreisen, wobei Sie Ihren Kopf sanft vor, zurück und im Kreis drehen sollten. Schieben Sie Ihr Kinn dann leicht zurück. Wiederholen Sie die Vokale a, e, i, o, u mehrmals mit langen, langsamen Tönen. Achten Sie darauf, dabei die Schultern nicht hochzuziehen.

Summen Sie einen Ton, sagen Sie, was immer Ihnen gerade einfällt, um mit Ihrem Kehlkopf ein Geräusch zu erzeugen. So können Sie Ihr Zentrum arbeiten spüren. Schicken Sie blaues Licht in Ihre Kehle, und beobachten Sie, ob sich der Klang Ihrer Stimme verändert. Achten Sie auch darauf, wie die Farbe oder die Empfindung das Zentrum variieren, wenn Sie den Ton verändern.

Sechstes Zentrum
(Stirn-Chakra, Drittes Auge)

Wenn Sie nicht tatsächlich mit Richard Gere zusammen sind, befindet sich hier das Zentrum, das Sie benutzen, um sich vorzustellen, mit ihm zusammen zu sein. Phantasie und Imagination dieses Chakras werden Sie zu neuen und aufregenden Vergnügungen inspirieren. Wir verwenden dieses violette Zentrum für Phantasien und Illusionen, um unser Liebesleben zu verschönern und zu inspirieren. Wenn Sie dieses Chakra richtig nutzen, läßt sich dadurch außerdem die sexuelle Lust noch steigern.

Man nennt es auch das Dritte Auge. Die Bezeichnung bezieht sich auf seine Macht der Intuition.

Übung für das Stirn-Chakra

Halten Sie einen kalten Waschlappen bereit. Schließen Sie die Augen. Legen Sie den Waschlappen auf Ihre Stirn, so daß er Ihr Stirn-Chakra bedeckt, das etwas unterhalb der Mitte Ihrer Stirn und oberhalb Ihrer Augenbrauen liegt.

Atmen Sie die Farbe Violett in Ihr Stirn-Chakra. Wie fühlt sich Ihre Haut an? Entfernen Sie den Waschlappen, und prüfen Sie, ob sich die Empfindung verändert.

Schicken Sie von Ihrem Stirn-Chakra aus ein Bild auf eine »Leinwand« vor Ihren Augen. Assoziieren Sie völlig frei. Atmen Sie die »Leinwand« dann wieder zurück in die Stirn. Legen Sie die Hände leicht auf die Stirn, und reiben Sie dieses Zentrum gegen den Uhrzeigersinn.

Siebtes Zentrum
(Scheitel-Chakra, »Tor zum Kosmos«)

Das Scheitel-Chakra befindet sich oben auf der Mitte Ihres
Kopfes. Wenn Ihr Geliebter Ihnen ein Rätsel ist, konzentrieren
Sie sich auf diesen Punkt, um ihn zu begreifen. In völliger sexueller Hingabe verweben sich Ihre Energien miteinander bis
zur Spitze hinauf – und Sie werden eins. Dieses Zentrum ist
weiß – eine Kombination aller Farben.

Auf der untersten Ebene repräsentiert das Scheitel-Chakra
Einsicht und Verstehen. Das Verstehen beschränkt sich aber
nicht allein auf den Verstand, sondern es schließt auch Ihre
Verbindung zu einem »größeren« spirituellen Bewußtsein ein,
egal, ob man dieses Gott, Buddha, Geist oder wie auch immer
nennt. Wie das Wurzel-Chakra, das Sie mit der Erde verbindet,
hat dieses Zentrum eine Schnur oder Antenne, die bis in den
Himmel reicht und Sie mit den Botschaften einer universellen
Quelle verbindet. (Jetzt müssen wir nur noch lernen, diese zu
verstehen!)

Übung für das Scheitel-Chakra

Sitzen Sie im Schneidersitz und mit geradem Rücken – als würden Sie von einer Schnur nach oben gezogen. Atmen Sie durch
die Schädeldecke aus, schicken Sie Ihren Atem Richtung Zim-
merdecke oder Himmel, wenn Sie – was ideal wäre – draußen
sitzen können. Probieren Sie aus, ob Sie eine Verbindung zum
Himmel spüren können. Spüren Sie, wie sich das Gewicht Ihres
Körpers verliert. Konzentrieren Sie sich auf Ihre Schädeldecke.
Vielleicht können Sie fühlen, wie ein schwacher Energiestrom
von dort aus in Ihren Körper hinabfließt. Das wird sich wahrscheinlich leicht, weit und offen anfühlen. Das ist Ihr Scheitel-
Chakra.

Atmen Sie in es hinein, spüren Sie es und stellen Sie sich die

Farbe Weiß vor. Verschmelzen Sie Ihre Energie mit der Energie, die Sie »von oben« empfangen. Können Sie ein Pulsieren spüren? Wie genau fühlt es sich an? Ändert es sich? Ist es offen oder geschlossen, locker, rotierend, fließend oder vibriert es? Bleiben Sie mit Ihrer Aufmerksamkeit dort, und atmen Sie ruhig weiter.

Übungshinweise: Hier ein paar Tips, wenn Sie Schwierigkeiten mit Ihren Chakren haben.
- Tragen Sie Kleidung in der Farbe des jeweiligen Zentrums.
- Legen Sie einen Stein oder Edelstein in der passenden Farbe auf das Zentrum, oder halten Sie ihn davor. (Beispiel: Rubin oder Granat für das erste Zentrum. Topas für das zweite Zentrum. Bernstein oder Citrin für das dritte Zentrum. Smaragd oder grüner Turmalin für das vierte Zentrum. Saphir oder Aquamarin für das fünfte Zentrum. Amethyst oder Fluorit für das sechste Zentrum. Einen Diamant für das siebte Zentrum. Oder Sie verwenden einen durchsichtigen Quartz für alle Zentren.)
- Streichen Sie im Uhrzeigersinn über das Zentrum, oder legen Sie Ihre gewölbte Hand darüber.
- Lassen Sie Ihrer Vorstellungskraft freien Lauf. Zweifeln Sie nicht an dem, was Sie fühlen, sehen oder hören. Glauben Sie an Ihre Intuition.
- Lernen Sie zu meditieren, das kann Ihnen auf vielerlei Weise nützlich sein: Es vermindert Streß, fördert die Kreativität und hilft Ihnen, sich mit der Magie weiter vertraut zu machen. Meditation ist leicht zu lernen; beginnen Sie z.B. mit den Übungen im Anhang ab S. 213.
- Benutzen Sie Aromaöle, um die Kraft jedes Chakras zu stärken. (Sehen Sie sich dazu auch die »Liste der Sieben Chakren für die Zauberin in Sachen Sex« auf S. 67 an.)

Machen Sie den folgenden Test gemeinsam mit einer Freundin, um die Erfahrungen mit jemandem teilen zu können. Es ist oft hilfreich, die Unterstützung eines anderen Menschen zu haben. (Ja, Sie dürfen dabei auch kichern.)

Wie zentriert sind Sie?
Entdecken Sie die Quelle Ihrer Zauberkraft

Mit Hilfe der folgenden Übungen werden Sie mehr über Ihre übersinnlichen Kraftzentren herausfinden. Arbeiten Sie mit Ihren Stärken, und gleichen Sie Ihre Schwächen aus.

Suchen Sie nach Aussagen, die auf Sie zutreffen. Und übrigens, erwarten Sie nicht, daß Sie zu allem ja sagen werden können. (Wenn Sie alle Fragen mit ja beantworten, stammen Sie entweder von einem anderen Planeten oder von einem tibetanischen Berggipfel.)

Wurzel-Chakra
1. Ich fühle mich die meiste Zeit sehr verwurzelt.
2. Ich habe oft starke sexuelle Bedürfnisse.
3. Ich fühle mich nur selten durch bestimmte Situationen in meinem Leben bedroht.
4. Ich besitze einen gesunden Körper.
5. Ich bin gerne in der freien Natur.

Nabel-Chakra
1. Ich kann meine Gefühle leicht ausdrücken.
2. Ich halte mich selbst für emotional flexibel.
3. Ich liebe es, mich selbst zu verwöhnen.
4. Ich halte mich für eine leidenschaftliche Frau.
5. Ich kümmere mich oft um andere Menschen.

Solarplexus-Chakra
1. Ich lasse mich nicht leicht einschüchtern.
2. Ich habe einen starken Willen.
3. Ich habe viel Energie.

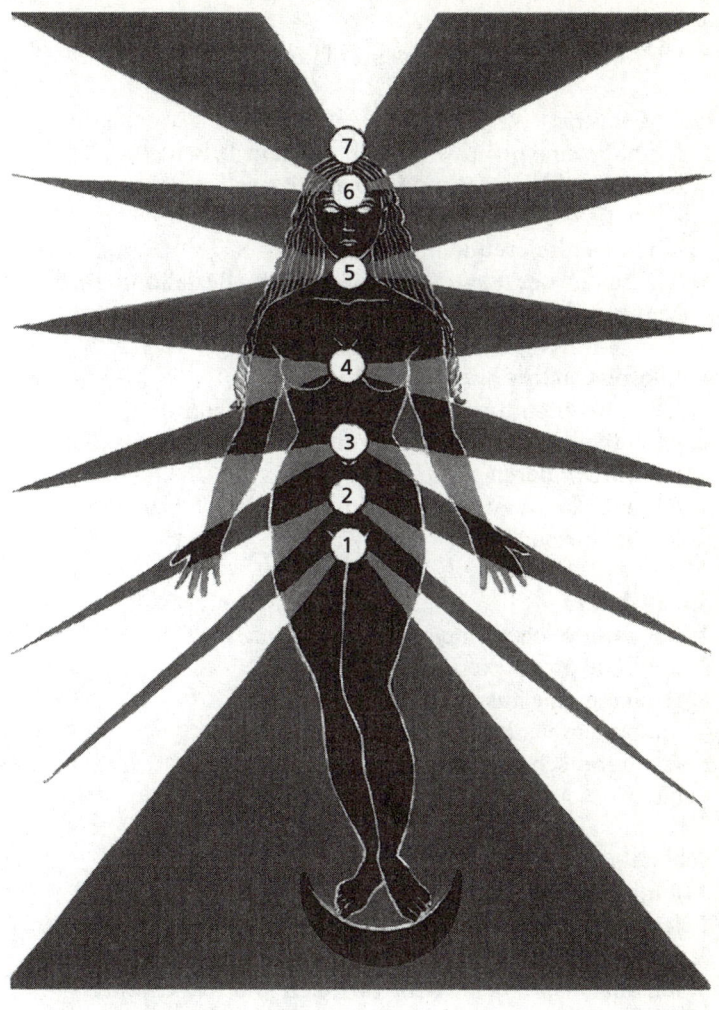

Die Sieben Chakren (Zentren)

4. Ich erreiche meine Ziele.
5. Ich fühle mich wohl in meiner Haut.

Herz-Chakra

1. Ich habe eine positive Einstellung zum Leben.
2. Ich kann ehrlich sagen, daß ich mich selbst liebe.
3. Ich habe oft Mitgefühl mit anderen.
4. Ich habe alte Freunde.
5. Ich bin in der Lage, eine langfristige Beziehung zu einem Mann aufrechtzuerhalten.

Kehlkopf-Chakra

1. Ich halte mich für einen guten Gesprächspartner.
2. Ich habe keine Probleme damit, meine Meinung zu äußern.
3. Ich höre anderen gerne zu.
4. Ich habe keine Angst davor, meine Wünsche zu äußern.
5. Ich habe viele Ideen.

Stirn-Chakra

1. Ich kann mich an meine Träume erinnern.
2. Ich habe oft starke Vorahnungen.
3. Ich habe eine ausgeprägte Vorstellungskraft.
4. Ich bin ein visueller Typ.
5. Ich habe schon mehr als einmal ein Déjà-vu-Erlebnis gehabt.

Scheitel-Chakra

1. Ich bin erfinderisch.
2. Ich bin gern allein, um nachzudenken oder zu meditieren.
3. Ich interessiere mich für Spirituelles und Okkultes.
4. Ich analysiere meine Motivationen und Reaktionen.
5. Ich lerne gerne etwas Neues.

Ihre Kraftquellen

Wenn eine der Aussagen nicht auf Sie zutrifft, kann das auf eine Schwäche des jeweiligen Kraftzentrums hinweisen. Wenn Sie auf alle Aussagen einer Gruppe eindeutig mit ja antworten können, bedeutet das, daß in diesem Kraftzentrum Ihre besondere Stärke liegt.

Sie können das Ergebnis z. B. mit Hilfe der Farben überprüfen. Wenn Sie sich von einer der Farben, die für ein bestimmtes Zentrum stehen, besonders angezogen fühlen, sind Sie mit diesem Zentrum sehr vertraut. Umgekehrt spricht eine Aversion gegen eine bestimmte Farbe dafür, daß Sie dem jeweiligen Zentrum nicht besonders verbunden sind.

Farben der Energiezentren

Wurzel	rot/schwarz
Nabel	orange
Solarplexus	gelb
Herz	grün
Kehlkopf	blau
Stirn	indigo/purpurrot
Scheitel	weiß

Wenn Sie die Energie eines oder mehrerer Zentren verstärken wollen, können Sie das tun, indem Sie Kleidung oder einen Edelstein in der jeweiligen Farbe tragen. Sie können diesem Chakra auch besondere Aufmerksamkeit zuteil werden lassen, wenn Sie die Atmosphäre mit Rauch oder Salz reinigen.

Sieben Zentren für die Zauberin in Sachen Sex

Diese Übung wird Sie mit Ihren Chakren vertraut machen, damit Sie deren Kräfte in Ihre weibliche energetische Aura einbringen können.

Sie brauchen dazu ungestörte 15 Minuten. Um die Zentren wirklich vollständig zu öffnen, können Sie die folgenden Düfte auf die jeweiligen Chakren auftragen:

1. Wurzel	Jasmin
2. Nabel	Ylang-Ylang
3. Solarplexus	Nelke
4. Herz	Rose
5. Kehlkopf	Maiglöckchen
6. Stirn	Lavendel
7. Scheitel	Patschuli

Zu den sieben Kraftquellen finden

Setzen Sie sich mit geradem Rücken hin. Denken Sie an nichts, und atmen Sie ganz normal. Lassen Sie Ihren Körper sich entspannen. (Das wird Ihnen bald zur zweiten Natur werden.)

Wenn Sie sich offen und friedvoll fühlen, versetzen Sie sich in Gedanken in eine üppige, wunderschöne Landschaft. Sie stammen aus dem alten Ägypten, sind in weißes Leinen gehüllt und mit Gold und Türkisen geschmückt. Sie wandeln entlang der saftigen Nilauen zum Tempel der Göttin Isis, wo Sie Ihren Geliebten erwarten. Sie rufen Ihre Energie an, damit sie Ihnen hilft, bereit zu sein.

Sie atmen tief in Ihr erstes Zentrum am unteren Ende Ihres Rumpfes hinein. Es pulsiert im tiefen Rot glühender Kohlen, die Sie mehr und mehr anfachen. Wie deren Hitze wird Ihr sexuelles Verlangen immer größer.

Sie erinnern sich an Ihr erstes Zusammentreffen und die unwiderstehliche Anziehungskraft zwischen Ihnen beiden. Ein orangefarbenes Glühen in der Mitte Ihres Bauches weckt Ihre Begierde nach ihm und nur nach ihm. Gedanken an seine Berührung, sein Lächeln, seinen starken Körper erregen Sie und steigern Ihre Leidenschaft.

Sie legen eine Hand auf Ihren Solarplexus und sammeln so Ihre Kräfte. Sie wissen, daß Ihre Stärke einen Teil Ihrer Anziehungskraft ausmacht. Sie schicken diesem Chakra helles, goldenes Licht und öffnen es auf diese Weise. Es gibt Ihnen das Vertrauen, daß er später genießen wird.

Zart spüren Sie die neue Liebe zwischen Ihnen beiden emporsteigen. Ihr Strahlen erfüllt Sie mit Freude. Ein weiches grünes Licht geht von der Mitte Ihrer Brust aus und umstrahlt Ihr Herz. Ihr Widerstand dagegen, sich ganz und gar zu verlieben, schmilzt. Sie sind bereit, die Genüsse der Liebe auszukosten.

Sie spüren das Amulett um Ihren Hals und flüstern seinen Namen. Sie singen seinen und Ihren Namen zusammen, und Sie beschwören Isis, Namen, um Ihre eigene Sinnlichkeit zu verstärken. Ein saphirblaues Licht verleiht Ihrer Stimme Kraft.

Sie stellen sich Ihre ineinander verschlungenen Körper vor. Von der Mitte Ihrer Stirn aus, vor Ihrem inneren Auge, beschwören Sie sein Gesicht. Ihr Chakra ist von einer violetten Spirale geöffnet, damit Sie die Energien Ihrer wahren Liebe besser sehen können. Die Bindungen zwischen Ihnen sind stark; Sie sind sich seiner Liebe sicher.

Sie nehmen schließlich Verbindung mit dem Himmel auf und werden aus Ihrem Körper herausgezogen. Sie atmen mit Bedacht Ihre Energie zurück in das erste Zentrum, die Wurzel. Sie erspüren nacheinander jedes einzelne Ihrer Chakren, bis Ihre weibliche energetische Aura vor Liebe, Leidenschaft und Verlangen erglüht.

Erwarten Sie nicht, direkt beim ersten Versuch leuchtende Farben zu sehen, aber seien Sie auch nicht überrascht, wenn Sie später eine heftige Reaktion verspüren. Oft muß eine gewisse Zeit vergehen, damit eine Meditation spürbar wird. Wenn eines Ihrer Zentren trübe oder schwer zu erfühlen war, gehen Sie zurück zur Vorübung für diese Kraftquelle, oder führen Sie ein Reinigungsritual durch.

Diese Vorgänge heißen nicht ohne Grund Übung. Je mehr Erfahrung Sie haben, desto geübter werden Sie, und desto besser sind die Ergebnisse.

Selbst wenn Sie am Anfang das Gefühl haben, daß gar nichts dabei herauskommt, geben Sie der Übung eine Chance, und Sie werden sehen, daß etwas passiert, wenn die Zeit reif dafür ist. Magie wirkt oft auf mysteriösen Wegen.

Sex und die sieben Chakren

Jetzt, wo Sie damit begonnen haben, Ihre eigene energetische Aura geschickt zu beeinflussen, können Sie sie um sich verbreiten, wie es Ihnen gefällt. (Tun Sie das jedoch nie mit Gewalt oder in negativer Stimmung. Wir können Ihnen versichern, daß Ihnen die Ergebnisse nicht gefallen würden.) Diese Praktiken sind für Sie und Ihren Geliebten gedacht. Er wird nicht wissen, was Sie mit ihm machen – er wird es nur spüren. (Und wir versprechen Ihnen, daß ihm das gefallen wird.)

Wenn Ihre Aura erst einmal funktioniert, werden Sie vor lauter sexuellem Magnetismus geradezu leuchten. Benutzen Sie die Übung »Sieben Zentren für die Zauberin in Sachen Sex«, um weiter zu strahlen, und probieren Sie ein paar der folgenden Übungen für etwas direktere Verführungen. Machen Sie sich keine Gedanken darüber, ob das alles perfekt ist. Sie können verändern, eine Bewegung vergessen – und immer noch zum gleichen Ergebnis kommen. Das Ganze soll schließlich ein Spiel bleiben und nicht in Arbeit ausarten.

Wenn Sie ein bißchen zusätzliche magische Unterstützung möchten, halten Sie Lavendel bereit oder verstreuen Sie ein paar Rosenblätter oder getrocknete Orangenschalen rund um den Ort, wo Sie sich vergnügen werden. Diese pflanzlichen Energiespender werden dafür sorgen, daß Sie entspannt und auf Kurs bleiben.

Sie können auch einen Kristall oder einen beliebigen Edelstein »laden«, um zu mehr Energie zu kommen. Blasen Sie einfach darauf, wie Glücksspieler das mit dem Würfel tun. Denken Sie dabei an Ihr Vorhaben und nehmen Sie es in Ihr Herz auf. Wenn Sie in verführerischer Stimmung sind, sollten Sie diesen Stein in Ihrer Nähe haben.

Übung I: Seine Aura streicheln

Wenn Ihr Gefährte Sie vernachlässigt, ist das eine Möglichkeit, sein Interesse neu zu wecken.

Ort: Hierfür eignet sich jeder Ort.
Hilfsmittel: Rote Edelsteine oder Schmuck, den er Ihnen geschenkt hat.
Beleuchtung: Jede Art von Licht ist geeignet.

Warten Sie, bis Ihr Gefährte ruhig ist und entweder sitzt oder liegt, selbst wenn es vor dem Fernseher ist. (Wir hoffen, er schaut nicht gerade Fußball, denn das ist eine harte Konkurrenz.)

Setzen oder legen Sie sich entspannt (aber nicht unbedingt in einer sexy Haltung) neben ihn. Halten Sie das Schmuckstück oder den roten Edelstein in einer Hand, um so Ihre leidenschaftliche Energie zu steigern. Mit der anderen Hand beschreiben Sie etwa fünf Zentimeter über seinem Herz-Chakra sanft Kreise in der Luft, als würden Sie ihn massieren. Das können Sie entweder von vorne oder von hinten machen.

Wenn er Sie fragt, was Sie da machen, nehmen Sie keine Notiz von seiner Reaktion, schenken Sie ihm nur ein angedeutetes Lächeln und machen Sie weiter.

Lassen Sie Ihre Hand über seinem Körper schweben und bewegen Sie sie abwärts zu seinem Wurzel-Chakra (Nummer eins) und dann wieder hinauf. Streicheln Sie seine Aura wie eine Katze. Halten Sie inne, und streicheln Sie jedes Zentrum, das beim Hinunterwandern Ihre Aufmerksamkeit erregt. Wiederholen Sie das Ganze drei- bis viermal.

Bewegen Sie Ihre Hand über seinem Kehlkopf-Zentrum (Nummer fünf), streicheln Sie dessen Energie ein paarmal, bewegen Sie sich dann zum Stirn-Chakra hinauf, und tun Sie dort das gleiche. Wandern Sie aber nicht weiter hinauf als bis zum Stirn-Chakra.

Führen Sie Ihre Hand zu den Stellen zurück, wo es sich am besten angefühlt hat, kehren Sie aber auf jeden Fall zum ersten, zweiten und vierten Zentrum zurück. Achten Sie darauf, Ihre Hand ganz natürlich zu bewegen.

Vergessen Sie nicht, dabei in Ihre eigenen Zentren hineinzuatmen, damit Sie nicht Ihre eigene Leidenschaft vergessen, während Sie seine erregen. Achten Sie vor allem darauf, Ihr Wurzel-Zentrum zu aktivieren.

Fahren Sie fort, bis Sie das Gefühl haben, fertig zu sein. Seien Sie entspannt und beobachten Sie seine und Ihre eigene Reaktion. (Denken Sie daran, daß eine Reaktion auch mit Verzögerung eintreten kann.)

Sie beginnen gerade erst zu lernen, wie Sie Ihre Chakren einsetzen können, und in diesem frühen Stadium sind Ergebnisse noch nicht wichtig.

Variation
- Sie können diese Übung machen, während er schläft. Das empfiehlt sich besonders beim ersten Mal, wenn Sie etwas schüchtern sind. Seien Sie nicht überrascht, wenn Ihr Gefährte am nächsten Morgen ein bißchen ausgelassen ist.
- Setzen Sie sich rittlings auf ihn, und machen Sie die Übung, bevor Sie sich lieben. Achten Sie auf die Wirkung.

Übung II: Leidenschaftliches Vorspiel

Probieren Sie diese Übung aus, um in der Hitze des Augenblicks zu ungeahnten Höhen zu gelangen.

Ort: Wo immer Sie sich lieben.
Hilfsmittel: Moschus auf das erste Zentrum.
Beleuchtung: Was immer Sie möchten.

Tupfen Sie ein bißchen Moschusduft auf Ihr Wurzel-Zentrum, bevor Sie sich lieben.

Öffnen Sie Ihre Energiezentren während des Vorspiels, wenn Sie gerade erst beginnen, einander zu berühren und zu küssen: Atmen Sie die Energie aus jedem einzelnen Chakra hinunter in Ihr Wurzel-Zentrum – Sie können die Energie auch als ein immer heller werdendes Licht visualisieren. Streichen Sie die Energie mit Ihrer oder seiner Hand Ihren Körper hinunter zum ersten Zentrum.

Halten Sie die Energie dort, bis sich in Ihnen ein intensives Gefühl ausbreitet – dazu gehören Empfindungen wie Hitze, Schwere und sexuelle Erregung. Das wird nicht lange auf sich warten lassen.

Spüren Sie auch die Energie seines Wurzel-Chakras. Männer sind leicht zu durchschauen; erspüren Sie einfach sein Bedürfnis, mit Ihnen zu schlafen. Öffnen Sie sich seiner Energie.

In diesem Stadium haben Sie zwei Möglichkeiten:

1. Sie schicken Ihre Wurzelkraft vor der Penetration in sein Zentrum (und sehen sich vor Ihrem inneren Auge in ihn eindringen). Das fühlt sich an, als würde sich Ihr Körper in seinen wölben, und wird Sie beide noch weiter erregen, bevor Sie sich körperlich vereinigen.

2. Sie halten Ihre Wurzelenergie zurück (und spüren sie konzentriert in der Mitte Ihres Körpers) und ziehen so Ihren Körper nahezu von seinem weg, bis er in Sie eindringt. Sie wird sich dann automatisch entladen.

Diese Übung kann Sie schneller zum Höhepunkt bringen, Ihnen beiden mehr Lust und Leidenschaft bescheren. Mit der Zeit werden Sie herausfinden, was für Sie am besten ist.

Übung III: Der magische Kuß

Als kesse Zauberin werden Sie überall Lust finden, teilen und steigern. Raten Sie mal, worum es hier geht? Ja, es ist Zeit für eine der Lieblingsaktivitäten Ihres Gefährten, die aber vielleicht nicht zu Ihren Favoriten gehört. Jetzt können Sie sie für Sie beide zu einer befriedigenden Erfahrung machen.

Ort: Überall, wo er die Hosen runterlassen kann.
Beleuchtung: Wie Sie möchten.
Hilfsmittel: Lockerheit

Küssen Sie sich bis zu seinem Wurzel-Zentrum hinab, und atmen Sie dabei Energie aus Ihrem Wurzel-Chakra in all die Chakren Ihres Partners, an denen Sie vorbeikommen. Lassen Sie sich dabei immer mehr Zeit, je näher Sie dem Ziel kommen. (Nebenbei können Sie auch seinen Penis streicheln, wenn Sie möchten.)

Wenn Sie bei seinem Wurzel-Chakra angelangt sind, nehmen Sie seinen Penis sanft in die Hand und küssen und lecken Sie dessen Spitze. Sie können damit auch über Ihren Kehlkopf streichen, um ihn mit Ihren Chakren in Verbindung zu bringen.

Ziehen Sie die Empfindung und Erregung Ihrer Wurzel-Energie in Ihre Kehle hinauf, um seine Basis noch enger mit Ihnen zu verbinden. Das wird Ihre Erregung beträchtlich steigern. Nehmen Sie den ganzen Penis erst dann in den Mund, wenn Ihre eigene Wurzel-Energie aktiviert ist und Sie sie spüren können. (Wenn Ihnen der ganze Akt eher unangenehm ist, öffnen Sie Ihr Drittes Auge und phantasieren Sie.)

Lassen Sie Ihre Wurzel-Energie in Ihre Kehle fließen und beginnen Sie, Ihre Bewegungen mit dem Mund und den Händen zu intensivieren. Tun Sie das, was Ihr eigenes Wurzel-Chakra stimuliert – und haben Sie keine Scheu, mit der Umgebung seines Penis, seinen Hoden und Schenkeln, zu spielen.

Passen Sie Ihre Bewegungen seinem Rhythmus an, und spüren Sie Ihre Kraft: Sie haben die völlige Kontrolle.

Halten Sie die Energie in Ihrer Kehle und Ihrer Wurzel, bis er kommt oder Sie zum vaginalen Verkehr übergehen.

Ein Hinweis im Vertrauen für alle, die nicht gerne schlucken
Das ist eine absolut persönliche Entscheidung und verstärkt oder vermindert die Intensität der Erfahrung nicht. Tun Sie, was Ihnen beliebt.

She walks in beauty

In ihrer Schönheit wandelt sie
Wie wolkenlose Sternennacht;
Vermählt auf ihrem Antlitz sieh'
Des Dunkels Reiz, des Lichtes Pracht:
Der Dämmerung zarte Harmonie
Die hinstirbt, wann der Tag erwacht.

Ein Schatten mehr, Licht minder klar,
So wär die tiefe Anmut nicht,
Die niederwallt im Rabenhaar
Und sanft verklärt ihr Angesicht
Aus welchem hold und wunderbar
Die reine liebe Seele spricht.

O diese Wang, o diese Brau'n
Wie sanft, wie still, und doch beredt,
Was wir in ihrem Lächeln schaun!
Ein frommes Wirken früh und spät,
Ein Herz voll Frieden und Vertraun,
Und Lieb', unschuldig wie Gebet.

George Gordon, Lord Byron

❦

Die Kunst der Verführung: Uralte weibliche Tricks

Jetzt ist es an der Zeit, daß Sie lernen, wie und wann Sie am besten neues Interesse wecken oder eine bestehende Leidenschaft neu entzünden. Zunächst müssen wir aber ein paar Mythen widerlegen, die zwischen uns und unseren Verführungskräften stehen.

Mythos Nummer eins
Anständige Frauen verführen niemanden

Als erstes werden wir uns den lächerlichen Mythos vorknöpfen, daß weibliche Verführungskünste irgendwie mit Zerstörung verbunden wären. Dieses Thema hatte seinen Anfang bei Eva und zieht sich über Salome, Mata Hari bis zur Herzogin von Windsor durch die ganze Menschheitsgeschichte. Dabei ist es vollkommen verfehlt. Feminine Verführung ist die Macht der Verlockung und Umarmung und hat nichts mit Manipulation zu tun.

Und dabei können wir sogar eine Menge Spaß haben. Wenn sich das Risiko mit Verletzlichkeit paart, verwoben wird mit Kraft und bestreut mit einer Prise Verlangen (ein bißchen Witz kann auch nicht schaden), bekommt die Leidenschaft Flügel.

Was ist Verführung? Der Pfad, der unweigerlich ins Schlafzimmer führt? Gute Göttin, nein!

Verführung ist ein Tanz der Verlockung und Erregung, nicht nur das Vorprogramm zum Sex.

Verführung bedeutet, einem Mann seine Aufmerksamkeit zu schenken, sich den Vergnügungen des sinnlichen Spiels zu öffnen. Es ist eine Erkundung von Energien und eine ausgezeichnete Möglichkeit, um mit den eigenen Kräften zu experimentieren. Miteinander zu schlafen ist keine zwingende Schlußfolgerung daraus.

Mythos Nummer zwei
Verführung ist nur etwas für das Anfangsstadium einer Beziehung

Verführung sollte ein permanenter Bestandteil Ihres sinnlichen Repertoires sein. Sie ist nicht nur ein Mittel, um jemand für sich zu gewinnen. Es geht dabei auch darum, jemanden – und sich selbst – interessiert und lebendig zu halten.

Unsere Freundin Linda ist Massage-Therapeutin in einem Heilbad. Sie arbeitet in bequemer Kleidung. Aber jeden Freitag abend nimmt sie eine Sporttasche, in der Garderobe zum Wechseln und Make-up stecken, mit zur Arbeit.

An einem Freitag abend verließ Linda das Heilbad in einem fließenden pfirsichfarbenen Kleid. Die neugierige Empfangsdame fragte sie, warum sie sich all die Mühe machte.

»Schließlich treffen Sie ja nur Ihren Mann«, meinte die glücklose Frau.

Linda hob die Augenbrauen und erwiderte: »Ich weiß, daß es keine Rolle spielt, was man anhat, wenn man sich anfangs in jemanden verliebt – weil man die Kleider ohnehin nicht lange anbehält. Aber wenn man sich auf die weiblichen Tricks besinnt und sie, nachdem die erste Leidenschaft verflogen ist, nutzt, kann man die Spannung aufrechterhalten.«

Soviel wir wissen, wird sie oft für ihr verführerisches Geschick belohnt: Ihr Mann erwartet sie dann mit einem Candlelight-Dinner.

Mythos Nummer drei
Verführung ist nur etwas für ihn

Wenn Sie gut aussehen und sich gut fühlen, werden Sie auch sexy und verführerischer wirken. Wir hoffen, daß die bezaubernden Tips, die Sie bereits ausprobiert haben, Ihre Wertschätzung dieser Tatsache schon vergrößert haben. Sobald Verführung ein Teil Ihres Lebens wird, befinden Sie sich im Fluß Ihrer eigenen weiblichen Energie – das ist erfüllend, erhebend und erfreulich. Diese Kraft greift auch auf andere Bereiche Ihres Lebens über und sorgt dafür, daß es befriedigender und kreativer wird.

Jetzt, wo wir die Mythen entkräftet haben, steht es Ihnen frei, hemmungslos zu verführen. Genug geredet also, lassen Sie uns Taten sehen ...

Achtung, fertig ... verführen?

Auf einen Mann scharf zu sein, egal, ob er eine neue Eroberung oder der aktuelle Lover ist, heißt noch nicht, daß es Zeit ist, die weibliche energetische Aura aufzufahren.

Als erstes überlegen Sie sich einmal, wie Sie sich fühlen würden, falls er nicht reagiert oder, schlimmer noch, Sie zurückweist. Wir sagen das nicht, weil es sehr wahrscheinlich ist, daß Ihr Zauber unbemerkt bleibt, sondern damit Sie nicht über sich selbst stolpern.

Wenn Sie zum Beispiel zu sehr auf das Ergebnis Ihrer Bemühungen fixiert sind, könnte er davon – nicht von Ihrer Leidenschaft – abgeschreckt werden und das Weite suchen.

Wenn eine Zurückweisung Sie völlig fertigmacht, könnte die Angst davor Ihre Kraft beeinträchtigen, und Ihre Leidenschaft würde nur blubbern, statt zu brodeln.

Bevor Sie daran gehen, jemanden zu verführen, müssen Sie

Vertrauen zu sich selbst haben. Ob er jetzt Ihrer Magie erliegt oder nicht, Sie dürfen nicht daran zweifeln, daß Sie phantastisch sind. Schließlich ist morgen auch noch ein Tag, und andere Mütter haben auch noch tolle Söhne ...

Wenn der Gedanke, die Verführerin zu spielen, Sie nervös macht, halten Sie sofort inne und blättern Sie zum ersten Kapitel und den Zauberkünsten und -techniken zurück. Wenn Sie mit ihnen und ihrer Anwendung vertrauter sind, werden Ihre Verführungen mit Sicherheit von Erfolg gekrönt sein.

Stimmen Sie sich auf ihn ein

Bevor Sie damit beginnen, Ihre Kräfte aufzubieten, ist es hilfreich, sich über die Vorlieben des Gefährten klarzuwerden. Ihre Verzauberung wird weitaus erfolgreicher sein, wenn Sie wissen, welche Art der Annäherung er am meisten schätzt.

Zum Beispiel:
- Ist er aggressiv oder zurückhaltend?
- Wird es Tag oder Nacht sein?
- Werden Sie allein oder unter anderen Menschen sein?
- Ist er intellektuell? Sinnlich? Bodenständig?

Und das Allerwichtigste:
Ist er zu haben?

Wir möchten Sie daran erinnern, daß Sie, nur weil Sie eine Verführerin sind, keinen Freibrief dafür haben, sich jedes männliche Wesen unter den Nagel zu reißen, das Ihnen unterkommt. Wir denken, daß sich ein Mann in festen Händen grundsätzlich nicht für eine Verführung eignet.

Dies ist die erste goldene Regel der Magie: Tu Deinen Schwestern nichts an, von dem Du nicht willst, daß sie es Dir antun. Wie man in den Wald hineinruft, so schallt es heraus. Ist er das

Risiko wert, daß Sie eines Tages Ihre Liebe an eine ähnlich lang-
fingrige Zauberin verlieren?

Wenn Sie einmal ins Telefonbuch oder wenigstens auf seinen
Ringfinger geschaut und festgestellt haben, daß er noch zu
haben ist, werden Sie sichergehen wollen, daß Ihre Ouvertüre
ihn anspricht. Champagner und sanfte Musik bringen vielleicht Sie in Stimmung, aber möglicherweise gehört zu seiner
Vorstellung von Romantik eine Bergwanderung. Schauen Sie
zum Himmel und finden Sie mehr heraus.

Alles, was Sie zunächst einmal brauchen, ist eine Basisinfor-
mation – seinen Geburtstag. Sie müssen nicht einmal das Jahr
kennen, nur den Tag. Stellen Sie es geschickt an – fragen Sie
ihn, nicht direkt natürlich, sondern mit Charme.

Unsere Freundin Marie sagt immer: »Ich hasse es, mitten im
Winter Geburtstag zu haben. Haben Sie das Glück, Ihren im
Sommer feiern zu können?« Das genügt meistens, um an die
gewünschte Information zu kommen. Wenn er nur mit »nein«
antwortet und weggeht, denken Sie noch mal gründlich über
ihn nach. Diese Antwort könnte ein Zeichen des Himmels
sein, daß dieser Bursche nicht für Sie gemacht ist. Lernen Sie
hinzuhören, das spart Ihnen eine Menge Zeit und Leid.

Sobald Sie seinen Geburtstag kennen, finden Sie sein Sternzeichen heraus und das dazugehörige Element. Die zwölf Sternzeichen sind den Elementen Feuer, Erde, Luft und Wasser zuge-
ordnet. Jedes dieser Elemente spricht besonders auf eine bestimmte Art der Verführung besonders an. Sein Element zu
kennen, kann Ihnen helfen, mit Ihren Bemühungen wirklich er-
folgreich zu sein.

Das ist elementar, mein Schatz

Feuer		Erde	
Widder	20.03. – 19.04.	Stier	20.04. – 19.05.
Löwe	22.07. – 21.08.	Jungfrau	22.08. – 21.09.
Schütze	22.11. – 20.12.	Steinbock	21.12. – 19.01.

Luft		**Wasser**	
Zwillinge	20.05. – 20.06.	Krebs	21.06. – 21.07.
Waage	22.09. – 21.10.	Skorpion	22.10. – 21.11.
Wassermann	20.01. – 19.02.	Fische	20.02. – 19.03.

Feuer

Ein leidenschaftliches, unbeständiges Element mit reichlich Energie. Feuerzeichen lieben Action um der Action willen. Erfolg ist nicht immer wichtig. Feuerzeichen lassen sich gern auf etwas Neues ein. Die Kämpfernatur des Widders, das majestätische Benehmen des Löwen und der abenteuerlustige Schütze sind typisch für diese Energie. In diesem Zeichen geborene Männer sind mit großer Wahrscheinlichkeit in ihrer eigenen Vorstellung Action-Helden, und sie reagieren am besten auf Szenen wie aus *Jäger des verlorenen Schatzes*.

Beispiele
Alec Baldwin (Widder)
Antonio Banderas (Löwe)
Denzel Washington (Schütze)

Um einen Feuer-Mann anzumachen
Entzünden Sie sein Element mit Kerzen- oder Feuerschein.
Zu Ihrer Garderobe können Requisiten, Perücken und Kostüme
   gehören.
Legen Sie faszinierende, leidenschaftliche Musik auf.
Denken Sie sich Überraschungen aller Art aus.
Konzentrieren Sie sich völlig auf ihn.
Flüstern Sie Zweideutiges in sein Ohr.
Berühren Sie ihn leidenschaftlich am ganzen Körper.

Erde

Erdzeichen interessieren sich eher für handfeste Realitäten als für Abenteuer. Sie mögen ein gemütliches Heim, schöne Dinge und Beständigkeit. Häusliche Stiere, praktische Jungfrauen und ehrgeizige Steinböcke sind solider als die Feuer-Jungs und eher Kandidaten für materielle Ziele, Luxus und Reichtum.

Beispiele
George Clooney (Stier)
Hugh Grant (Jungfrau)
Mel Gibson (Steinbock)

Um einen Erd-Mann anzumachen
Präsentieren Sie in Ihrem Zuhause Kunst, andere schöne Dinge, Blumen und Pflanzen.
Geben Sie mit Ihren Haustieren an.
Tragen Sie luxuriöse Stoffe wie Samt, Satin oder Pelz.
Benutzen Sie Kissen und bequeme Möbel.
Servieren Sie extravagantes Essen, besonders etwas, das Sie selbst gemacht haben.
Reduzieren Sie Überraschungen auf ein Minimum und konzentrieren Sie sich darauf, eine entspannte, gemütliche Atmosphäre zu erzeugen.
Legen Sie Musik auf, die die Stimmung unterstreicht.
Genießen Sie Berührungen wie Rückenmassagen, sich festhalten und zärtliche Umarmungen.

Luft

Das Luftelement ist gesprächig, neugierig und gedankenvoll. Luft kann gewitterschwer sein oder eine leichte Brise. Stellen Sie sich beim überschäumenden Zwilling, der nicht immer ausgeglichenen Waage und dem exzentrischen Wassermann auf Stimmungsschwankungen ein. Wenn Ihre Wahl auf einen Mann mit einem Luftzeichen gefallen ist, können interessante Unterhaltungen, neue Ideen und Lesestoff seinen neugierigen Geist befriedigen und ihn Ihnen näherbringen.

Beispiele
Liam Neeson (Zwillinge)
Will Smith (Waage)
Tom Selleck (Wassermann)

Um einen Luft-Mann anzumachen
Umgeben Sie ihn mit seinem Element, zünden Sie Räucherstäbchen an, und tragen Sie Parfüm.
Plazieren Sie gut sichtbar interessante Bücher (nur solche, die Sie auch gelesen haben) und Dinge, über die man sich unterhalten kann (Fotos, ungewöhnliche Souvenirs, Sammelstücke usw.).
Stellen Sie ihm Fragen (und hören Sie ihm aufmerksam zu).
Sorgen Sie mit Musik für eine leichte Stimmung.
Schlagen Sie ihm vor, zu Sportveranstaltungen, ins Kino oder Theater zu gehen.
Regen Sie ein intelligentes und humorvolles Gespräch an.
Konzentrieren Sie sich auf die Lippen und aufs Küssen.

Wasser

Wasser ist das Element der Gefühle: tief, sinnlich und rätselhaft. Es ist ein kompliziertes Element – es verwandelt sich nach Belieben in einen flüssigen, festen oder gasförmigen Aggregatszustand. Die intuitiven Wasserzeichen Krebs, Skorpion und Fische lassen sich leicht durch scharfe Worte verletzen, und sie zu belügen, ist für sie fast schlimmer als der Tod. Umsorgen und hätscheln Sie diese sensiblen Geschöpfe.

Beispiele
Sylvester Stallone (Krebs)
Lyle Lovett (Skorpion)
David Duchovny (Fische)

Um einen Wasser-Mann anzumachen
Bieten Sie ihm ein Bad oder ein Trankopfer an: Wein, Tee, Wasser usw.
Zeigen Sie ihm durch Ihre Äußerungen, daß Sie sich für ihn interessieren.
Lassen Sie ihn die Musik aussuchen.
Kuscheln Sie sich an kleinen gemütlichen und »sicheren« Orten zusammen.
Benutzen Sie langsame, leichte Bewegungen und genüßliche Berührungen.
Massieren Sie seine Füße und Hände und seinen Kopf.

Elementare Verführungen

Eine feurige Zusammenkunft

Caroline hatte schon seit langem versucht, Pauls Aufmerksamkeit zu erregen. Sie arbeiteten bei derselben Pharmafirma in verschiedenen Abteilungen, hatten aber einige gemeinsame Freunde. Bei einem Kostümfest eines gemeinsamen Freundes bekam Caroline ihre erste Chance, Paul in ihren Zauberbann zu schlagen. Weil sie seinen Geburtstag auf einer firmeninternen Liste nachgesehen hatte, wußte sie von vorneherein, wie sie die feurige Energie dieses Widders für sich nutzen konnte.

Sie erschien auf dem Fest mit einer schwarzen Perücke, unter der sie ihre dunkelblonden Locken versteckte, dickem Make-up mit roten Lippen und einem Schönheitsfleck, was ihr ein außergewöhnlich exotisches Aussehen gab. Sie trug ein langes, schwarzes, ärmelloses Chiffonkleid mit einem roten Seidenschal und hohe Absätze. Sie hatte ihre Abneigung gegen falsche Fingernägel überwunden und sich lange, rote Krallen angeklebt, mit denen sie wild gestikulierte.

Eine halbe Stunde lang spielte sie zur offensichtlichen Begeisterung vieler Männer den Vamp. Als Paul hereinkam, ging sie, von ihrem Erfolg ermutigt, schnurstracks auf ihn zu. Sie hatte sich vorher heimlich ihre Vampirzähne aufgesteckt und begrüßte ihn mit einem Nackenbiß von hinten. Sie war von ihrem eigenen gewagten Benehmen überrascht – aber Pauls Reaktion war sogar noch besser. Er nahm sie in die Arme, bog ihren Kopf zurück und gab ihr einen langen hollywoodmäßigen Kuß auf den Mund.

Caroline tat so, als würde sie in Ohnmacht fallen und genoß sein Lachen, als er sie auffing. Er hatte sie nicht erkannt und war die nächsten 15 Minuten damit beschäftigt, ihren Namen aus ihr herauszubekommen. Sie zog aus seinem übermäßigen

Interesse ihre Schlüsse und spielte die Schüchterne. Damit reizte sie seine Neugier noch mehr, bis sie sich schließlich als seine Kollegin zu erkennen gab. Die ganze Nacht spielte sie die Rolle der Verführerin und erregte damit allgemein Aufsehen. Von Zeit zu Zeit schaute sie aber auch bei Paul vorbei.

Nach dem Fest fuhr Paul sie nach Hause und gab ihr einen vielversprechenden Abschiedskuß.

Eine irdische Verführung

Anna wußte genau, was sie wollte – Max, einen Stier. Da sie den Hang der Stiere zu Behaglichkeit und Ästhetik kannte, beschloß sie, das zu ihrem Vorteil zu nutzen.

Anna bat Max, einen Entwurf ihrer Examensarbeit zu lesen und lud ihn in ihre Wohnung ein, um mit ihm darüber zu diskutieren. Obwohl sie auf dem Gebiet der magischen Verführung noch Novizin war, gelang es ihr problemlos, eine sinnlich und doch heimelige Atmosphäre zu schaffen, die einen Mann mit Erdzeichen ansprechen würde.

Anna erzeugte ihre weibliche energetische Aura am Abend vorher. Sie zündete eine rote Kerze an, hielt eine Pflanze mit rosa Blüten vor ihren Schoß und atmete in ihr Wurzel- und Herz-Chakra hinein. Sie stellte sich vor, wie sie in entspannter, sinnlicher Weise mit Max in Verbindung treten würde. Sie verankerte ihre Absicht und ihre Aura in der Pflanze und stellte sie gut sichtbar auf das Küchenfenster.

Am nächsten Tag begrüßte Anna Max in einem kurzen korallenroten Seiden-T-Shirt, verwaschenen Jeans und barfuß. Sie trug eine feine Goldkette um den Hals und hatte ihre Haare zu einem lockeren Knoten aufgesteckt. Kurz gesagt, sie war das Abbild irdischer Genüsse.

Max schenkte ihr ein scheues, anerkennendes Lächeln und ließ sich in die Küche führen, wo warme, frischgebackene Kekse und frischer Kaffee auf ihn warteten. Mit einem Seufzer

der Befriedigung ließ er sich entspannt in einen Stuhl sinken,
den Kaffeebecher und das Manuskript in der Hand.

Anna schob schweigend ein paar Kekse vor ihn hin und legte
die Hände auf die Lehne seines Stuhls, während er zu lesen
begann. Sie lehnte sich über seine Schulter, um seine Anmer-
kungen entziffern zu können. Dabei streifte ihre Kette seine
Schulter.

Später dann, während sie über die Arbeit sprachen, drückte
Anna ihr Interesse an ihm dadurch aus, daß sie sich leicht zu
ihm vorbeugte. Während er sprach, löste sie ihr Haar und
schüttelte es auf. Bevor Max dann ging, verabredeten sie sich
zum Abendessen. Ein weicher, sehnsüchtiger Kuß an der Tür
war seine Antwort auf ihre Verführung.

Es liegt etwas in der Luft

Obwohl Florian und Klara schon ein paarmal miteinander
ausgegangen waren, hatten sie sich noch nicht einmal geküßt.
Frustriert fragte Klara sich, ob seine Freundschaft zu ihrem
Bruder ihn davon abhielt. Sie fand ihn sehr attraktiv und wollte
ihn aus ihren Phantasien in ihre Arme holen. Es war also Zeit,
schleunigst zu handeln.

Florian hatte am selben Tag wie ihr Bruder Geburtstag, war
also auch Wassermann. Sie schloß daraus, daß er vielleicht die
gleichen Neigungen hatte, und benutzte die Vorliebe ihres Bru-
ders für Nachrichtensendungen am Sonntagmorgen und das
Wochenend-Kreuzworträtsel als Schlüssel für ihren Plan –
einen gemütlichen, intimen Sonntagnachmittag, mit Möglichkeit für mehr …

Florian kam in Klaras Wohnung und freute sich, seine Lieb-
lingsnachrichtensendung im Fernsehen zu sehen. Klara legte
die Sonntagszeitungen in seine Reichweite und machte sich in
der Küche zu schaffen.

Sie kehrte mit einem Strauß Mimosen zurück und setzte sich

zu ihm auf die Couch. Sie unterhielten sich während der Werbepausen, und Klara verschwand von Zeit zu Zeit in der Küche, um den Brunch vorzubereiten. Schließlich setzten sie sich zum Essen. Klara ließ den Fernseher im Hintergrund weiterlaufen. Das machte die Unterhaltung etwas schwierig, weil Florians Augen ständig zum flimmernden Bildschirm wanderten. Er machte ihr Komplimente über das Soufflé und trank den Champagner aus. Sie schlug vor, es sich auf dem Sofa gemütlich zu machen. Mit Fragen zu der Sendung versuchte sie, eine engere Verbindung zu ihm herzustellen.

Als sie merkte, daß seine Aufmerksamkeit von der Fernsehsendung völlig gefesselt wurde, entschuldigte sie sich und ging die Küche aufräumen. Als sie zurückkam, war Florian fest eingeschlafen. Hoppla.

Denken Sie daran, daß Sie seine Gedanken auf sich selbst richten wollen und nicht auf irgendeine Fernsehsendung, wenn Sie eine seiner Interessen aufgreifen. Achten Sie darauf, daß Sinnlichkeit im Mittelpunkt steht; sanftes Geflüster ist zum Beispiel eine bessere Möglichkeit, das Luft-Element für sich zu nutzen. Halten Sie die Dinge einfach. (Bei dem nächsten gemeinsamen Treffen an einem Freitag abend benutzte Klara Musik und einen Gedichtband. Das Ergebnis war sehr viel befriedigender.)

Ein Ozean der Liebe

Theresa wollte ihrem Ehemann Michael, einem Skorpion, einen unvergeßlichen vierzigsten Geburtstag schenken. Weil sie wußte, daß er Parties nicht mochte, hatte sie heimlich ein Zimmer in einer Berghütte gemietet, wo sie einen Abend in inniger Zweisamkeit mit ihm verbringen wollte.

Das Zimmer hatte einen Blick auf einen waldgesäumten See und ein Badezimmer mit Badewanne. Sie ließ ihren Lieblings-Cognac und einen Korb voller Delikatessen für ein romantisches Abendessen sowie seine Lieblingszigarren dorthin bringen. In ihren Waschbeutel steckte sie ein Fläschchen duftendes Massageöl für den späteren Abend.

Michael jammerte herum, als sie ihn ins Auto packte. (Wie viele Skorpione haßte er Überraschungen, aber manchmal lohnt es sich, etwas zu tun, das gegen diese natürliche Veranlagung verstößt.) Er beruhigte sich schnell, als er das Ausflugsziel und die spektakuläre Landschaft sah.

Ein Blick auf die Badewanne, das Massageöl, den Kaviar und den Cognac – und Michael ergab sich glücklich für den restlichen Abend. Seither ist der Ausflug dorthin für die beiden ein Ritual geworden, auf das sie sich jedes Jahr freuen.

Perfektes Timing

Bevor Sie losstürzen und Ihre nächste elementspezifische Verführung planen, schauen Sie in den Kalender. Welcher Wochentag wird es sein? In welcher Jahreszeit und in welcher Mondphase?

Auch wenn sich das am Anfang nach viel Mühe anhört – jede gute Magierin kennt die Bedeutung der Launen der Natur und nutzt sie zu ihrem Vorteil. Folgen Sie diesen einfachen, faszinierenden Grundregeln, und sie werden Ihnen eine zeitgerechte Verführung bescheren.

Wochentage

Jeder Tag der Woche wird von einem anderen Planeten regiert. Dieses Wissen geht auf die alten Griechen zurück, und es hilft bei der Planung besonderer Abende genauso wie bei der Vermeidung von Katastrophen.

Was glauben Sie, welcher Tag eignet sich am besten für eine Verführung? Der sicherste Tag der Woche ist der Freitag, der unter dem Regiment der Venus steht, dem Planeten für Liebe

Tag	Planet	Besonderheiten
Montag	Mond	emotional, in sich gekehrt
Dienstag	Mars	reizbar, aggressiv, maskulin
Mittwoch	Merkur	kommunikativ, unbeständig, rastlos
Donnerstag	Jupiter	spontan, extravagant
Freitag	Venus	schön, harmonisch, romantisch
Samstag	Saturn	zurückhaltend, praktisch, planend
Sonntag	Sonne	kreativ, friedlich, spirituell

und Beziehungen. Seine Energie fördert sinnliche Streifzüge und Happy Ends.

Auch wenn der Freitag einen besonderen mystischen Kick besitzt, alle Tage der Woche haben etwas Spezielles zu bieten. Schließlich tut Abwechslung der Liebe ebensogut wie dem Leben. Benutzen Sie die folgende Liste zur Orientierung.

Montag Ein guter Tag für gemütliche Zweisamkeit, einfache Vergnügungen und keine Überraschungen.

Dienstag Bringt den kriegerischen Mars ins Schlafzimmer und sorgt für feurige, leidenschaftliche Paarungen.

Mittwoch Leicht und kommunikativ sorgt Merkur für wunderbare erste Verabredungen, witzige Schlagfertigkeiten und in sein Ohr geflüsterte süße Verlockungen.

Donnerstag Jupiters Herrschaft verleitet zu Wagnissen. Probieren Sie ein neues Outfit, gehen Sie mal woanders hin, wagen Sie den entscheidenden Schritt.

Freitag Venus lächelt auf jede Art von Romanze und Liebe herab und bringt so die innige Seite der Verführung zur Erfüllung.

Samstag Saturn dreht die Dinge auf die schwere Seite, und der Samstag ist deshalb sicher nicht unser Lieblingstag. Das ist schade, weil er in unserer Arbeitswoche der geeignetste Tag für Liebeleien ist. Wenn Sie es also versuchen wollen, achten Sie darauf, daß Sie beide ausgeruht sind. Machen Sie einen Mittagsschlaf. Organisieren Sie gut, und übertreiben Sie nicht – das ist kein Tag, den man überladen sollte.

Sonntag Der biblische Tag der Ruhe und kein guter Tag, um neue Funken zu schlagen. Aber es ist ein toller Tag, um sich im Bett zu rekeln und abzuwarten, was passiert, wenn man schon gewisse Fortschritte gemacht hat.

Mondphasen

Der Mondzyklus beeinflußt nicht nur Ihren Menstruationzyklus. Egal, ob zu- oder abnehmend, Sie können das Mondlicht für Ihre Zauberkräfte nutzen.

Der zunehmende Mond wird größer, von Null auf voll. Das wachsende Licht sorgt für eine spannendere, abwechslungsreichere Zeit und eignet sich, um auf unbekanntes Territorium vorzustoßen, mit jemand neuem zu flirten oder einen neuen Look auszuprobieren.

Der Tag des Neumonds markiert den Beginn dieses Zyklus. (Aus der Zeitung erfahren Sie das genaue Datum.) Es handelt sich dabei um eine zutiefst weibliche Zeit, in der sich ausgezeichnet eine energetische Aura aufbauen läßt. Oder nehmen Sie sich an diesem Datum etwas vor, was Sie im nächsten Monat realisieren möchten. Haben Sie teil an den Kräften, die der Neumond bietet – sie sind wirklich magisch.

Wenn der Mond sein Apogäum erreicht, ist er voll. Das ist eine wilde, magische, aber auch unvorhersehbare Zeit. Wenn Sie also die Vollmondstimmung genießen, sollten Sie nicht unbedingt all die Illusionen, die dabei aufkommen können, für bare Münze nehmen. Scheinbar vernünftige Entscheidungen stellen sich danach plötzlich als bloße Höhenflüge der Phantasie heraus. Der Mann, den Sie heute nacht faszinieren, kann vielleicht morgen verschwunden sein.

Das Licht des Vollmonds nimmt langsam über die Dauer von zwei Wochen ab. Die Zeit des abnehmenden Monds ist auch die Zeit der schwindenden Energie. Werden Sie vertrauter mit Ihrem Partner. Planen Sie gemütliche Verführungen. Wenn Sie etwas in Richtung Power-Sex versuchen, wird Sie das viel zuviel Anstrengung kosten.

Jahreszeiten der Verführung

Die Jahreszeiten mit ihrer besonderen Schönheit und Atmosphäre beeinflussen die Stimmung eines jeden Menschen. Behalten Sie das im Hinterkopf, wenn Sie ein Motiv für Ihre Verführung suchen. Sie müssen sich nicht haargenau an diese Vorschläge halten, aber auf Teufel komm raus zu versuchen, an einem Kuschel-dich-vor-den-Kamin-Winterabend Sommerstimmung zu erzeugen, würde bedeuten, daß Sie gegen die Natur arbeiten.

Winter Diese nach innen gewandte Jahreszeit läßt an eine sanfte, gemächliche, dunkle, intime und gemütliche Atmosphäre denken.

Farben: Edelsteintöne, metallische Farben, Schwarz und Weiß
Gefühle: Angst, Unsicherheit, Verträumtheit, meditative Stimmung

Frühling Mit dieser Zeit des Wachstums assoziiert man Entfaltung, Wiedergeburt, Ausgelassenheit, Verjüngung und Wiederauferstehung.

Farben: Sanfte Pastelltöne, kräftige Grüntöne
Gefühle: Wut, Leidenschaft, Vitalität, Aktivität

Sommer Diese Jahreszeit sorgt für langsame, ruhige, sinnliche, faule, heiße, reife und hedonistische Bewegungen.

Farben: heiße Farben auf der Grundlage von Orange (Rosa oder Tomatenrot), leuchtendes Grün, Purpurtöne
Gefühle: Freude, Befriedigung, Preisgabe, Lässigkeit

Herbst Wenn die Blätter sich verfärben, dominieren Gedanken an die reiche Ernte und das dahinschwindende Jahr und sorgen für Melancholie, Übergang und Reflexion.

Farben: Erdtöne, Rost, Kupfer, Dunkelgelb
Gefühle: Trauer, Loslassen, Dankbarkeit

Quiz der Elemente

Testen Sie Ihre Fähigkeiten. Entscheiden Sie, welches Element oder welche Elemente sich am besten für die folgenden Aktivitäten eignen – Feuer, Erde, Luft oder Wasser:

1. Einen Spaziergang machen   _____
2. Zu Hause einen Drink nehmen   _____
3. Einen Drink in einer Kneipe nehmen   _____
4. Zu einer Auktion gehen   _____
5. Ins Theater gehen   _____
6. In Antiquitätenläden stöbern   _____
7. Ein Eishockeyspiel besuchen   _____
8. Den ganzen Tag im Bett bleiben   _____
9. Eislaufen gehen   _____
10. Sich eine Blumenausstellung ansehen   _____
11. Eine Lesung besuchen   _____
12. Wandern gehen   _____
13. Über zwei Stunden lang küssen   _____
14. Sich in der Wanne aalen   _____

15. In die Sauna gehen   _____
16. Den ganzen Tag lang lesen   _____
17. Tanzen   _____
18. Sich eine Überraschung ausdenken   _____
19. Zusammen einen Kurs besuchen   _____
20. Bungee Jumping   _____
21. Kochen   _____
22. Lebensmittel einkaufen   _____
23. Keine Pläne haben   _____
24. Sich lieben   _____

Antworten

1. Alle	10. Erde	17. Feuer
2. Wasser, Erde	11. Luft	18. Feuer
3. Feuer, Luft	12. Erde, Luft	19. Luft
4. Erde	13. Alle, zu	20. Feuer
5. Luft	Beginn einer	21. Erde
6. Erde, Feuer	Beziehung	22. Erde
7. Feuer	14. Wasser	23. Erde, Wasser,
8. Erde, Wasser	15. Feuer, Wasser	Feuer
9. Luft, Wasser	16. Luft	24. Alle

Machen Sie sich keine Gedanken darüber, wie viele Treffer Sie hatten. Dieses Quiz ist eine gute Möglichkeit, sich damit vertraut zu machen, verschiedene Aktivitäten unterschiedlichen Elementen zuzuordnen. Es liefert Ihnen aber auch Ideen dafür, was Sie mit einem bestimmten Mann unternehmen könnten.

S steht für Sinnlichkeit

Denken Sie für einen Moment an einen Mann, der eine Frau verführt. Er »erobert ihr Herz im Sturm« und bemüht sich unentwegt um sie.

Jetzt stellen Sie sich eine Frau vor, die das gleiche mit einem Mann macht. Kein schöner Anblick. Frauen sind im allgemeinen besser, wenn sie ihre Liebhaber indirekt mit einem femininen Fluß von Energie umgeben und für sich gewinnen. Wir nennen diese Annäherung die S-Bewegung.

Sie ist leicht zu lernen, weil Sie sie unbewußt sowieso schon ausführen, um jemandem zu gefallen. Sie besteht darin, den Kopf schräg zu legen, die Augen niederzuschlagen, zu seufzen und eine Schulter nach innen zu drehen. Sie ist ein natürlicher Teil des Frauseins.

Leider mußten wir feststellen, daß die S-Bewegung zunehmend vom Aussterben bedroht ist, weil sie ungerechterweise als zu passiv für die »moderne Frau« betrachtet wird. (Irgendwann sind Frauen in den Wettbewerb mit Männern getreten und haben begonnen, sich eher maskuliner, direkter Flirttechniken zu bedienen.)

Dabei ist es kein Zeichen von Schwäche oder Unterwerfung, Ihre Aura um einen Mann herum aufzubauen. Es ist feminin, ansprechend, sicher und Teil des Verführungsakts. Es ist schon seltsam, daß unsere Lieblingsverführerin ihre Blütezeit vor vielen Jahrzehnten erlebte. Die Rede ist von der gefeierten Sexgöttin Mae West.

Ein Salut für Mae

»Es ist besser, flüchtig angesehen
als übersehen zu werden.«
MAE WEST

Wenn Sie sich hoffnungslos fern von Ihren femininen Verführungskräften fühlen, leihen Sie sich einen der Filme von
Mae West aus und schauen Sie sich diese Expertin einmal ge-
nauer an. Ihre Stimme, ihre Bewegungen, ihre Gesten machen
sie zu einem inspirierenden Vorbild. Sie hatte keine Angst vor
ihrer eigenen Sexualität oder davor, was irgend jemand davon
denken könnte. Sie war eine starke Persönlichkeit und auf
machtvolle Weise weiblich.

Die vielen Gesichter weiblicher Tricks

Mae West ist nur eine der vielen Verführerinnen, die Ihnen als
Inspiration dienen können. Wir haben einige unserer Lieblings-
charaktere, wenn es darum geht, einen Mann zu gewinnen,
aufgelistet. Stellen Sie sich vor, selbst in diese Rollen zu schlüp-
fen, und achten Sie darauf, wie sich das anfühlt.

Sirenen der Leinwand

Indirekt, aber kontrolliert: Kathleen Turner in *Heißblütig –
Kaltblütig* (*Body Heat*)
Unbewußte, irdische Sinnlichkeit: Sophia Loren in *Hausboot*
Unfreiwilliges Sex-Häschen: Marilyn Monroe in *Das verflixte
7. Jahr*
Eiskönigin: Linda Fiorentino in *Die letzte Verführung*
Unschuldiger Charme: Meg Ryan in *Harry und Sally*

Volltreffer: Sharon Stone in *Basic Instinct*
Kühl und schelmisch: Lauren Bacall in *Key Largo*
Zankteufel: Vivian Leigh in *Vom Winde verweht*
Jung und unschuldig: Julia Roberts in *Pretty Woman*

Bevor Sie loslegen: Die ultimative Flirt-Checkliste

Sehen Sie sich die grundlegenden Zaubertricks und -techniken noch einmal an, bevor Sie Ihre Verführungskräfte zum Einsatz bringen.

- Reinigen Sie sich mit Salz oder Räucherwerk.
- Zünden Sie eine rote Kerze an, und halten Sie eventuell auch Blumen bereit.
- Nehmen Sie ein duftendes Bad, oder stellen Sie eine brennende Duftkerze beim Baden neben sich.
- Parfümieren Sie Ihren Körper mit einem der folgenden Öle: Zimt (sparsam verwenden), Gardenie, Jasmin, Moschus, Rose.
- Tragen Sie ein frisch gewaschenes Kleidungsstück, möglichst aus Naturfasern, am besten aus Seide, Samt oder Damast.
- Wählen Sie Erd- oder Edelsteintöne, und vermeiden Sie kräftige Muster.
- Tragen Sie Granatschmuck, Opale, Diamanten, strahlende und funkelnde Steine.

Sammeln Sie Ihre magische Energie, indem Sie sich vor Ihre Kerze setzen oder legen und
- versetzen Sie sich in die Person, die Sie verkörpern wollen.
- Stellen Sie sich den Abend (oder Tag), der vor Ihnen liegt, vor.
- Denken Sie daran, mit Ihrem Wurzel-Energiezentrum in Verbindung zu treten.
- Atmen Sie in Ihr Wurzel-Chakra, um es zu öffnen.

Wenn Sie Ihre Zauberei noch um ein, zwei Klassen verbessern und sich mit besonders machtvoller weiblicher Energie umgeben wollen, sprechen Sie diese Worte dazu:

> *Leidenschaften des Tages und der Nacht,*
> *teilt dieses Vergnügen mit mir.*
> *Sterne, Mond und Göttinnen lächeln*
> *und verhelfen mir zu uralter weiblicher Zauberkraft.*

Bevor Sie aus der Tür gehen oder ihm dieselbe öffnen, suchen Sie sich etwas Rotes aus, das Sie bei sich tragen möchten – ein parfümiertes rotes Taschentuch, ein rotes, ums Handgelenk geschlungenes Band oder sogar rote Unterwäsche. Und denken Sie immer daran, Verführung soll spielerisch sein und Spaß machen – es gibt kein vorgegebenes Ziel, außer, daß Sie sich amüsieren.

Party-Verführung

Diese Methode ist dafür gedacht, wenn Sie jemanden bezaubern wollen, während noch andere Menschen um Sie herum sind. Sie bedient sich der Kunst der subtilen Suggestion, die für das Auge kaum sichtbar, aber deutlich zu spüren ist. Egal, ob Sie den betreffenden Mann kennen oder nicht – es ist eine sehr verlockende, sichere und effektive Methode, um ihm klarzumachen, wie sehr er doch mit Ihnen zusammen sein möchte.

Aber fangen wir von vorne an: Wir möchten nicht, daß Sie Zeit verschwenden, wenn er nicht an Ihnen interessiert ist. Prüfen Sie seine Empfänglichkeit mit diesem einfachen Test.

Das Terrain prüfen

Projizieren Sie einen Gedanken über Ihre Attraktivität auf ihn, schicken Sie ihm Ihr Bild, stellen Sie sich vor, mit ihm zu schlafen, während Sie in seiner Nähe stehen. Tun Sie so, als würden Sie schweigend mit ihm kommunizieren. Achten Sie dann auf eine Reaktion. Haben Sie das Gefühl, er sei interessiert, daß es einen Kontakt zwischen Ihnen gibt? Hat er den Raum verlassen? Haben Sie das Gefühl, daß Sie das eine Menge Energie kosten wird? Benutzen Sie Ihre Intuition, um festzustellen, ob er offen für Sie ist. Und, das ist das Schwierigste, seien Sie ehrlich.

Wenn er auf Ihre übersinnliche Suggestion zu reagieren scheint, fahren Sie mit Ihrer Verzauberung fort. Die folgende Liste von Verführungstricks soll Ihrer Orientierung dienen.

1. Egal, ob Sie allein oder in einer Gruppe stehen, benutzen Sie Ihre Hände, um in seine Richtung zu gestikulieren (fächeln Sie sich Luft zu, werfen Sie Ihre Haare zurück, und unterstreichen Sie das, was Sie sagen, mit Gesten). So schicken Sie ihm auf sanfte Weise Ihre Energie und teilen ihm Ihre Absicht mit. Das soll aber natürlich nicht so aussehen, als würden Sie einen Tomahawk schwingen. Sie können dieses Spiel auch immer mal wieder unterbrechen.

2. Wenn Sie die Gelegenheit dazu haben, atmen Sie ein, wenn Sie Energie zu ihm schicken; beim Ausatmen lassen Sie dann wieder los. Das zieht ihn zu Ihnen hin und läßt ihn dann abrupt wieder los.

3. Sie können auf körperlicher Ebene das gleiche Spiel wie unter Punkt zwei spielen, wenn Sie sich mal näher zu ihm hin, mal weiter von ihm weg bewegen.

4. Wenn Sie sich wohl und mental auf ihn eingestimmt fühlen, können Sie sich ihm nähern (benutzen Sie dazu die S-Bewegung).

5. Wenn Sie mit ihm sprechen, signalisieren Sie Ihr Interesse mit Ihrem Blick, Ihrer Haltung und Ihrer Körpersprache.
6. Wenn Sie nahe beieinander stehen, spüren Sie, wie die Energie auf Ihren Lippen kitzelt. Schicken Sie ihm trotzdem nicht Ihre Wurzel-Energie, sondern halten Sie sich noch zurück.
7. Setzen Sie Ihren ganzen Körper ein. Bewegen Sie sich in seine Aura und wieder heraus – das ist die ultimative S-Bewegung.

Wenn er an diesem Punkt nicht an Ihren Lippen oder zumindest Ihrer Telefonnummer interessiert ist, lassen Sie ihn einfach stehen. Hinter ihm wird sich schon eine Schlange von Männern gebildet haben, die danach lechzen, von Ihnen bemerkt zu werden.

Ein Wort zum Thema Subtilität: Auch wenn wir Sie mit der Wiederholung dieses Merksatzes zu Tode langweilen – *weniger ist mehr.* Hauen Sie den Burschen Ihre Botschaft nicht auf den Kopf – nichts schreckt einen Mann mehr ab als eine aufdringliche Zauberin (falls sie diese Bezeichnung überhaupt noch verdient). Selbst wenn er mit Ihnen zusammen sein möchte, wird ihm das Gefühl, zu einer Reaktion gezwungen zu werden, unangenehm sein. Und außerdem lieben Männer Herausforderungen und die Möglichkeit, etwas zu erobern. Halten Sie Ihre mystische Aura aufrecht, dann werden Sie ihn auf Ihre Seite bringen und ihn in dem Glauben lassen, er hätte Sie verführt.

Verführung »allein zu Haus«

Wenn Sie mit jemandem allein sind und Ihnen der Sinn nach Sex steht, beginnen Sie mit der Party-Verführung und machen Sie mit Punkt acht weiter.

8. Schicken Sie Ihre Energie durch Ihre Hand hindurch in sein Wurzel-Chakra. Spüren Sie ein sanftes Leuchten oder strah-

lende Wärme zwischen sich. Das muß keine sehr starke
Empfindung sein, und sie erfordert nach gewisser Übung
auch keine große Konzentration mehr – später können Sie
sie sogar mit einem Drink in der Hand fühlen.

Wenn Sie ihn berühren (nicht sein Wurzel-Zentrum, oder
zumindest noch nicht), sollte die Berührung sehr leicht sein.

Fahren Sie damit fort, bis Sie ein Kitzeln oder Wärme in
Ihrer Hand spüren. Öffnen Sie dann Ihr eigenes Wurzel-
Chakra, indem Sie hineinatmen, und warten Sie, bis er den
nächsten Schritt tut.

Wenn er Sie berührt, küßt, sich an Sie schmiegt oder sonstwie sein Interesse bekundet, stellen Sie eine Verbindung zwischen Ihrem und seinem Wurzel- und Nabel-Chakra her. Viel
Vergnügen!

Wenn Sie jemanden schon eine Weile kennen, können Sie auch
die direkte Annäherung ausprobieren. Männer mögen diese Art
von Abwechslung, aber nicht gleich von Anfang an.

Mystische Sex-Tips

In diesem Kapitel werden Sie lernen, Ihre Energien mit denen Ihres Gefährten zu verbinden, um Ihre Lust zu steigern und magische Liebe zu erleben.

Die Elemente der Liebe

Ihre Verführung war ein durchschlagender Erfolg. Er liegt Ihnen zu Füßen, küßt Ihre Zehen, und Sie sind mehr als bereit für den nächsten Schritt. Und Sie sagen, er ist ein Erdzeichen? Ein Feuer-Bursche? Ein Luft-Typ? Ein Wasser-Kamerad?

Stimmt, Sie kennen schon sein Sternzeichen. Aber was passiert, wenn sich Ihre Sterne begegnen? Es ist wichtig zu wissen, wie Sie Ihre Energien harmonisch kombinieren. So wird es

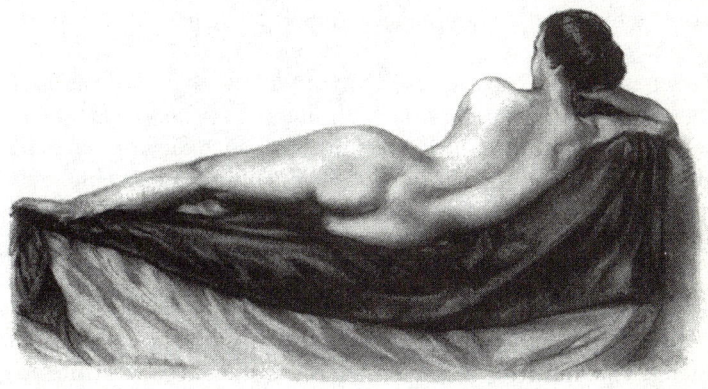

Ihnen nicht passieren, daß Sie die Erde erschüttern oder die Wellen hochschlagen lassen wollen – und bis zu den Knien im Matsch enden.

Elemente-Duette

Schlagen Sie Ihr eigenes Sternzeichen und Element nach. Prüfen Sie dann, wie Ihre Elemente zusammenpassen. Wenn Sie sich Sorgen machen, weil das Horoskop in der Zeitung Ihnen und Ihrem Partner Schwierigkeiten prophezeit, können wir Sie beruhigen. Die Sonne ist nur einer von vielen Planeten, die die Liebe beeinflussen. Mond, Venus, Mars und Jupiter spielen dabei ebenfalls eine Rolle. Es gibt unendlich viele astrologische Kombinationen, die Menschen zusammenbringen.

Feuer und Feuer Feuer nährt Feuer, aber es kann außer Kontrolle geraten. Passen Sie auf, wie Ihre Energien zusammenwirken, damit nicht alles in Rauch aufgeht.
Sie lieben beide den Reiz der Jagd, des Abenteuers und des Siegs – was ein Problem darstellen kann, wenn Sie einander erobern. Nehmen Sie sich ein bißchen Zeit, um sich als Team, aber auch als zwei bezaubernde Individuen zu genießen. Sonst könnte Ihre große Flamme zu schnell verlöschen.

Feuer und Erde Solange Sie keinen wütenden Waldbrand riskieren, kommen Sie großartig miteinander aus. Das Feuer wärmt die Erde, und die Erde nährt das Feuer. Sie können beide von der Energie profitieren, die Sie gemeinsam erzeugen.
Wenn Sie das Erdzeichen sind, haben Sie die natürliche Fähigkeit, ihn zu beruhigen. Nutzen Sie Ihre Stabilität und Ihr praktisches Naturell, um seine ständige Bewegung auszugleichen.
Wenn Sie das Feuerzeichen sind, werden Sie ein bißchen mehr als sonst stillsitzen und »den Duft der Rosen genießen«

müssen. Aber Ihr Erd-Mann wird auch Ihre Energie und Spontaneität lieben. Ihre Elemente vertragen sich sehr gut miteinander.

Feuer und Luft Das Feuer wird vom Sauerstoff der Luft genährt, und die Luft steigt auf, wenn sie sich erwärmt. Deshalb ist dies eine gute Kombination, solange sie nicht außer Kontrolle gerät, und Sie hoch und höher steigen, bis Sie verschwunden sind.

Egal, ob die Frau das Luft- oder Feuerzeichen ist, sie redet und denkt viel, hört selten zu und kann Probleme mit dem Stillsitzen haben. Dasselbe gilt für ihn. Hier der Trick: Sie sind beide wirklich interessante Menschen, aber Sie müssen abwechselnd still sein, um einander schätzen zu können.

Feuer und Wasser Traditionell sorgt diese Verbindung für Dampf. Wenn Sie ein Gleichgewicht herstellen können und beide etwas zur Beziehung beitragen, wird es Ihnen gutgehen.

Wenn Sie das Wasserzeichen sind, denken Sie daran, daß er sich nicht wie Sie nach Fürsorge und Sinnlichkeit verzehrt. Deshalb müssen Sie ihm Ihre Bedürfnisse (ohne Jammern) mitteilen. Zuviel Wasser löscht das Feuer.

Wenn Sie das Feuerzeichen sind, könnten Ihr Sinn für Abenteuer und Ihre Impulsivität Sie ablenken, während er dasitzt und darauf wartet, daß Sie mit ihm kuscheln. Sein Tiefgang kann genauso bestechend sein, aber wenn Sie ihn ignorieren, wird er austrocknen.

Erde und Erde Sie sind beide sehr erdverbunden, lieben Berührungen und visuelle Reize, so daß Sie mit Ihren instinktiven Vorstellungen davon, was Ihnen beiden gefällt, wahrscheinlich richtig liegen. Hüten Sie sich nur vor Routine und Pragmatismus, die zu einem schrecklichen Trott führen können. Abwechslung ist Ihr Freund. Vergessen Sie nicht, daß Sex Energie und Bewegung erfordert, um die Erde zum Beben zu bringen.

Erde und Luft Sie können entweder Staub aufwirbeln oder einen sehr fruchtbaren, sinnlichen Spielplatz schaffen. Die Luft liebt die Beständigkeit der Erde, und diese wiederum liebt die prickelnde Wechselhaftigkeit der Luft.

Wenn Sie das Erdzeichen sind, werden Sie von diesem Kerl eine Menge über Kommunikation lernen. Er ist ein Redner, ein Mann mit Ideen und ein Bursche, der es einfach liebt, zu übertreiben und Unsinn zu reden. Die meisten Erd-Frauen schätzen leeres Geplauder nicht besonders. Nutzen Sie deshalb Ihre ruhige Zurückhaltung, um eine geheimnisvolle Aura zu erzeugen. Da wird er vor Neugier verrückt.

Wenn Sie das Luft-Zeichen sind, genießen Sie die solide Art Ihres Gefährten. Sie können sich an seiner Seite sicher und geborgen fühlen (und das kann sehr sexy sein). Versuchen Sie, nicht von ihm zu erwarten, daß er viele Worte macht. Er möchte, daß Sie sein Interesse eher körperlich spüren.

Erde und Wasser Gut, diese Kombination kann im Matsch enden, aber nur, wenn Sie steckenbleiben. Ansonsten kann die Verbindung dieser Elemente zu einer fruchtbaren und eher zurückhaltenden Verbindung von eher melancholisch-sehnsüchtigem als lebhaftem Charakter führen.

Egal, ob Sie das Wasser- oder das Erdzeichen sind, für Ihren Mann stellen Sie ein sinnliches Rätsel dar. Er liebt Ihr Bedürfnis nach Berührung und Gefühl. Und Sie sind wahrscheinlich beide sexuell sehr aufgeschlossen – das ideale Team für erotischen Hexenzauber.

Luft und Luft Sie beide könnten davonschweben, wenn Sie gemeinsam Ihre Leichtigkeit einsetzen würden. Wie bei Feuer und Luft sucht sich Ihre Energie den Weg aus Ihrem Körper und in die Aktion. Manchmal ist das gut für den Liebesakt, aber häufiger schafft es Distanz, ob durch Verträumtheit, Gespräche oder einfach nur unterschiedliche Ansichten zu einem Thema. Achten Sie darauf, sich abwechselnd aufeinander zu konzentrieren. Suchen Sie den Klang der Stille, wenn Sie ihn auf geheimnisvolle und sinnliche Weise verführen wollen.

Luft und Wasser Nebel, Wolken, Dampf und Feuchtigkeit werden von diesen beiden Elementen erzeugt.

Wenn Sie das Luftzeichen sind, erlauben Sie Ihrer Klarheit und Ausdrucksfreude, sich in diesen intuitiven Mann zu versenken. Er wird von Ihrem Besuch in seiner Welt erfreut sein. Denken Sie nur daran, ihn fest im Arm zu halten, während Sie ihm Ihre Gedanken ins Ohr flüstern.

Wenn Sie das Wasserzeichen sind, lassen Sie sich von seinem ständigen Drang nach Aussprachen und intellektueller Auseinandersetzung nicht irritieren. Ihre beruhigende tiefe Wasserenergie wird ihn besänftigen. Sie können Ihre Intuition und Ihre sinnlichen Fähigkeiten nutzen, um seinen Geist zu beruhigen und sein Herz zu rühren.

Wenn Sie beide unter Streß stehen, klappt es mit der Kommunikation nicht gut. Seien Sie vorsichtig mit Ihren Aktionen, wenn Sie durcheinander sind.

Wasser und Wasser Sie beide haben einen beachtlichen Ozean an Gefühlen, Sinnlichkeit und Gemeinsamkeiten.

Sie sind einander intuitiv verbunden, so daß es Sie nicht zuviel Mühe kostet, herauszufinden, was er mag. Wasserzeichen besitzen auch ein großes sinnliches Potential und können eine körperlich und emotional sehr befriedigende Zeit miteinander verbringen.

Wasser sind meist tief, und Sie könnten beide in Ihre eigene Welt oder Ihre dunklen Seiten abtauchen. Halten Sie sich mit Kommunikation über Wasser, auch wenn es schwerfällt. Nutzen Sie Berührungen und einen freundlichen Umgang miteinander, um den Weg zurück zu Übereinstimmung und ruhigen Gewässern zu finden.

Die psychische Komponente beim Sex

Sex verbindet Sie und Ihren Geliebten auf sehr machtvolle Weise. In dem Maß, wie Sie Ihren körperlichen Kontakt vertiefen, wird auch Ihre seelische und emotionale Nähe größer. Eine unserer Freundinnen meint, wenn Frauen sich ihrer psychischen Verbindungen zu den Männern bewußter wären, würden schlechte Beziehungen viel schneller beendet werden.

Ihre Chakren tragen die Erinnerung an jeden Gefährten, mit dem Sie sich je vereinigt haben, in sich. In dem Kapitel »Hexenzauber für allerlei Beziehungsprobleme«, finden Sie Tips dazu, wie Sie sich von unerwünschten Fesseln der Vergangenheit befreien können.

Wenn Sie mit Ihrem Gefährten in sexueller Ausprobierlaune sind, gehen Sie nur so weit, wie Sie sich noch wohl fühlen. Es macht einen himmelweiten Unterschied, ob man abenteuerlustig oder ein Idiot ist. Wenn Sie Probleme haben, zu atmen und Ihren Körper zu fühlen, und spüren, daß sich die Energie zusammenzieht oder weggeht, brechen Sie an dieser Stelle ab, und denken Sie noch mal über Ihre Empfindungen nach.

Geben Sie niemals einfach nur. Das kann zu einer Obsession werden, zu einer ungleichen Beziehung führen und Sie so weit bringen, daß Sie sich benutzen lassen. Lesen Sie das oben genannte Kapitel, wenn das bereits auf Sie zutrifft.

Einfacher Sex, Power-Sex oder inniger Sex? – Sie haben die Wahl

Bevor Sie mit magischen Absichten ins Heu hüpfen, möchten wir Sie noch daran erinnern, daß es verschiedene Formen von Sex gibt. Jede davon hat ihre eigene Kraft und Wirkung. Drei Formen fallen einem dabei sofort ein:

1. Einfacher Geschlechtsverkehr
2. Power-Sex
3. Inniges Miteinander-Schlafen

Einfacher Geschlechtsverkehr

Bei dieser Art der Paarung geht es darum, die eigenen primären sexuellen Bedürfnisse zu befriedigen, ohne sich unbedingt übermäßig viele Sorgen um die des Gefährten zu machen. Man kann sich darunter auch den »normalen« Sex eines Paares vorstellen, das schon lange zusammen ist, und ihn mit gelegentlichem tatkräftigem oder innigem Sex auflockert. Von dieser Form von Sex sprechen wir, wenn wir Hexen einfach nur einen Mann wollen, egal, ob er Herr Richtig ist oder nicht. Wie damals, als Sie nach dem Betriebsausflug mit dem Kollegen aus der Nachbarabteilung ins Bett gegangen sind.

Einfacher Sex hat mehr mit Ihrer Aura als mit einzelnen Energie-Zentren zu tun. Es handelt sich dabei um die Befreiung von psychischem und sexuellem – aber nicht unbedingt emotionalem – Druck. Die Energie fließt aus Ihnen heraus und macht Sie ruhiger und ausgeglichener.

Dieser Sex geht von Ihrem Wurzel-Chakra aus, das von Zeit zu Zeit nach Befriedigung verlangt. Einfacher Verkehr hält es offen und aktiv, so daß Sie in Ihrem sexuellen Selbst verwurzelt bleiben.

Trotzdem muß so ein »Fleisch-mit-Kartoffeln«-Sex nicht so lala sein. Sie können Ihre Kräfte sinnvoll einsetzen, um selbst einfachen Sex zu verbessern. Bewegung und der Kontakt zu Ihren Chakren ist sehr wichtig. Um Sie auf den richtigen Weg zu bringen, empfehlen wir Ihnen einige der folgenden Übungen zum Beleben des Wurzel-Chakras.

Übungen für bezaubernden Sex

Tanken von Wurzel-Energie

Sie können diese Übung machen, bevor Sie auf Männerfang gehen oder direkt bevor Sie Sex haben. Sie gibt Ihnen zusätzliche Wurzel-Energie.

Diese Übung verbessert den einfachen Geschlechtsverkehr, indem sie das Wurzel-Chakra öffnet und Ihr Interesse steigert – nebenbei verhilft sie auch zu einem knackigeren Po.

Die richtige Atmung verstärkt den Effekt und wird Ihren Orgasmus vertiefen und intensivieren.

Legen Sie sich mit angezogenen Knien auf den Rücken; Ihre Füße stehen auf dem Boden. Entspannen Sie sich, und spannen Sie dann all Ihre Muskeln im Beckenbereich (Po, Bauch, Vagina usw.) an. Dabei atmen Sie ein und rollen gleichzeitig Ihren unteren Rücken so ein, daß Ihr Po sich für ein paar Zentimeter von der Unterlage abhebt. Atmen Sie aus, und entspannen Sie sich. Fahren Sie mit dieser Wellenbewegung fort, bis Sie spüren, daß sich in Ihrem Unterkörper Energie aufbaut. Sie können Intensität und Rhythmus nach Belieben verändern. Wiederholen Sie die Übung nach Bedarf.

Atem der Leidenschaft

Dies ist eine Alternative zum Aufladen der Wurzel-Energie, die zusammen mit der vorangegangenen Übung oder auch allein ausgeführt werden kann.

Setzen Sie sich aufrecht hin, atmen Sie tief in den Bauch ein und anschließend rasch durch den Mund wieder aus. Geben Sie beim Ausatmen einen Zischlaut von sich. Machen Sie das etwa 15 Sekunden lang, und holen Sie ein letztes Mal tief Atem, halten Sie die Luft kurz an, und atmen Sie dann ganz langsam aus. Schicken Sie beim Ausatmen die Wärme, die Sie spüren, in Ihr Wurzel-Zentrum. Sie können die Intervalle auch verlängern. Aber wenn sich das Zimmer zu drehen beginnt, haben Sie nicht das Nirwana erreicht, sondern hyperventilieren nur!

Power-Sex

Dies ist die Art von Sex, die wir uns für uns selbst wünschen und in Filmen wie $9^1/_2$ *Wochen* sehen. Er läßt das Herz schneller schlagen, die Haut feucht werden, das Wurzel-Zentrum wachsen – ein Fest der Leidenschaft, bei dem man sich am liebsten den Körper dieses Mannes auf den Bauch binden möchte.

Es ist unmöglich, diesen Grad an Intensität auf Dauer zu halten – versuchen Sie das erst gar nicht, es wäre von vornherein zum Scheitern verurteilt. So ein Feuer gibt es zu Beginn einer Beziehung, es kann durch dieses ausgelassene Gefühl um den Eisprung herum wieder entfacht werden, wenn Sie sich nach einer Trennung wieder mit Ihrem Geliebten vereinen, wenn Sie etwas Erotisches sehen oder lesen oder in irgendeinem anderen glückseligen, unvorhersehbaren Moment.

Wenn Sie einen Mann einfach haben müssen und sich selbst dabei ertappen, wie Sie Ihre Schubladen nach Wäsche und einem Duft von ihm durchstöbern, sind Sie auf dem besten Weg zu Power-Sex. Nehmen Sie sich Ihren Rubin (oder Granat), legen Sie sinnliche Musik auf, und zaubern Sie eine Atmosphäre der Verführung herbei.

Power-Sex bezieht die drei unteren Chakren ein: die Wurzel, den Nabel und den Solarplexus. Der Solarplexus ist dafür verantwortlich, daß Sie sich in eine Tigerin verwandeln. Parfümieren Sie die Chakren, öffnen Sie sie, und schwelgen Sie in deren Energien. Hier sind keine Übungen nötig, lassen Sie es einfach geschehen.

Inniges Miteinander-Schlafen

Reden wir davon nicht schon die ganze Zeit? Nicht wirklich.
Diese Art des Liebesspiels unterscheidet sich grundlegend von
einfachem oder Power-Sex, obwohl Lust und Liebe ein tolles
Team abgeben. Inniges Miteinander-Schlafen ist der körperliche Ausdruck der Liebe zwischen Ihnen und Ihrem Partner.

Diese Liebe geht von Ihrem Herz-Chakra aus und schickt
dessen Energie zu Ihrem Geliebten. Ihre Liebe kann zärtlich,
lustig, einfühlsam und – was das Wichtigste ist – ehrlich sein.
Inniger Sex schließt all Ihre Energiezentren ein und hoffentlich
auch all seine. Sie verweben miteinander, Ihre Herzen und
Körper verschmelzen zu einem. Das passiert allerdings nicht
automatisch. Hier ein Beispiel dazu.

Michaela kannte Christoph seit drei Monaten. Sex zwischen
ihnen lief nicht besonders gut, da Michaela sehr nervös war.
Sie dachte zunächst, ihre Schwierigkeiten kämen daher, daß
ihr vierjähriger Sohn im Nachbarzimmer schlief, aber auch als
der Junge die meisten Wochenenden bei seinem Vater ver-
brachte, änderte das nichts. Michaela wurde unsicher, was ihre
sexuellen Fähigkeiten anging und wollte von uns mehr über
den erotischen Hexenzauber erfahren.

Aus unseren Gesprächen mit ihr wußten wir, daß ihr Ver-
führungstalent absolut in Ordnung war. Sie meditierte regel-
mäßig und war somit auch mit ihren Energiezentren im Einklang. Wir nahmen an, daß ihre Schwierigkeiten darin begrün-
det lagen, daß sie Angst hatte, verletzt zu werden. Michaela
und Christoph waren eine Wasser-Erde-Kombination. Deshalb
ermutigten wir sie, diese Elemente zu nutzen, um eine Atmosphäre zu erzeugen, in der sie sich entspannen und neue Seiten
von sich selbst offenbaren konnten.

Michaela bat um die Qualitäten der Erdgöttin Gaia und die
fließenden Kräfte der Astarte, um so ihre Unsicherheit zu verringern. Sie zog sich ein rosenfarbenes seidenes Kleid an, um

Christoph zu gefallen und sich trotzdem sicher zu fühlen. Zum Zeichen ihrer Bereitschaft tupfte sie sich etwas Moschusduft auf ihr Wurzel- und Herz-Chakra. Bevor Christoph eintraf, machte sie die Übung zum Tanken von Wurzel-Energie von S. 110 und entfachte so ihre eigene Leidenschaft.

Um die Elemente in ihr kleines Schlafzimmer zu bringen, stellte sie eine große, wassergefüllte Silberschale auf den Schlafzimmertisch. Rosafarbene Rosen und Nelken schwammen darin und strahlten Liebe, Kraft und Schutz aus. Auf einer Fensterbank stand eine Schale mit Früchten und Nüssen. Die Schlafzimmerlampen waren mit hauchdünnen Tüchern in sanften, warmen Farben verhüllt, die sie mit Zedernöl parfümiert hatte. Ein Lieblingsstreichquartett von Mozart lief im Wohnzimmer und drang schwach bis ins Schlafzimmer.

Eine strahlende Michaela empfing den überraschten Christoph an der Tür. Er bemerkte, daß sie anders aussah – weicher und entspannter. Er öffnete den Wein, den er mitgebracht hatte, und schlug vor, während er Michaelas Kleid bewunderte, zu Hause zu bleiben. Sie plauderten und nippten an dem Wein, dem Michaela im nachhinein eine wunderbar beruhigende Wirkung zuschrieb.

Christoph griff hinter sie, schaltete das Licht aus und begann, sich an ihren Hals zu schmiegen. Seine Aufmerksamkeit fiel auf den schwachen Schein, der aus dem Schlafzimmer drang.

Michaela atmete Energie in ihr Wurzel-Chakra und lächelte. Er führte sie ins Schlafzimmer und war begeistert, eine für seine Absichten so willkommene Atmosphäre vorzufinden. Er zog sie an sich und gab ihr einen sehnsüchtigen Kuß. Sie liebten sich an diesem Abend ganz langsam und öffneten sich einander auf eine Weise, wie sie es noch nie zuvor getan hatten.

Michaela ergab sich dem Liebesakt ohne Vorbehalte, und sie machte sogar noch einen zweiten Annäherungsversuch, was bewies, daß sie durchaus in der Lage war, Leidenschaft zu entfachen.

Nach diesem Erfolg beschloß Michaela, weiterhin mit den
erotischen Zauberkünsten und den göttlichen Energien zu arbeiten.

Die Gunst der Göttinnen

Göttinnen antiker Kulturen gibt es auf der ganzen Welt. Ihre
Bilder und Mythen symbolisieren all die verschiedenen Aspekte
von Weiblichkeit: Mutter, Kriegerin, Beschützerin, Jungfrau und
Verführerin. Als Frau können Sie jede beliebige Göttin bitten,
Ihnen beizustehen. Rufen Sie nur ihren Namen, und sie wird
Ihnen ihre Weisheit und Kraft leihen. Es gibt eine Göttin für
jede Gelegenheit, weit mehr, als wir hier erwähnen können.
Im folgenden finden Sie eine Liste mit Eigenschaften, nach
denen Sie vielleicht suchen werden, und dazu die entsprechen-
den Göttinnen, die Ihnen behilflich sein können.

Der Ruhm der Göttin

Fühlen Sie sich etwas überfordert? Brauchen Sie ein bißchen
Unterstützung? Dann rufen Sie doch die Himmel an. Sie werden sofort mit einer sehr mächtigen, uralten Quelle der Kraft
verbunden sein. Sie können die Göttinnen bitten, Ihre Kraft zu
stärken, Ihnen über harte Zeiten hinwegzuhelfen und allgemein Ihre Fähigkeiten zu verbessern.

Nennen Sie ihre Namen, während Sie Ihre Aura oder eine
besondere Atmosphäre erzeugen wollen und beim Liebesakt,
um dem Ganzen eine neue Dimension zu verleihen. Sehen Sie
sich die folgende Liste an und suchen Sie sich die Göttin(nen)
Ihrer Wahl und dem Anlaß entsprechend aus. Wir empfehlen
Ihnen, zwei oder drei, die Sie am häufigsten anrufen, auszu-
wählen. Wie jede gute Beziehung wachsen auch diese mit der
Zeit. Weiterführende Informationen finden Sie ab Seite 206.

Eigenschaft oder Macht/Kraft	Göttin
Aufrichtigkeit	Hathor
Berufstätige Frauen	Athene
Charisma	Rhiannon, Lakshmi
Die Vergangenheit loslassen	Anahita
Ehe	Isis, Hera, Ushas
Erd-Rituale	Gaia, Hera, Demeter
Feuer-Rituale	Hestia, Pele
Flirten	Rhiannon, Hathor, Lakshmi
Frauenpower	alle Göttinnen
Fruchtbarkeit	Estsanatlehi, Macha, Gaia
Geheimnisse	Lakshmi, Ushas
Hingabe	Artemis, Innana/Ishtar
Irdische Genüsse	Bastet, Gaia
Jungfräulichkeit	Artemis, Athene
Katzenhafte Energie	Kybele, Bastet
Kinderkriegen	Anahita, Artemis
Klarheit	Athene, Astarte
Kommunikation	Hathor, Athene
Konflikte	Sekhmet, Wadjet, Artemis
Körperliche Erscheinung	Pele, Xochiquetzal, Aphrodite
Kraft	Wadjet, Kybele, Brigit
Leidenschaft	Aphrodite, Hestia, Pele
Liebe zum Zuhause	Hera, Hestia
Liebe	Astarte, Kybele, Isis, Aphrodite
Luft-Rituale	Hathor, Wadjet
Lust	Aphrodite, Innana/Ishtar
Magie	Sekhmet, Isis, Hekate
Magische Szenerien	Estsanatlehi
Mitleid	Isis, Gaia, Innana/Ishtar
Musik	Sarasvati, Bastet
Mut	Artemis, Athene, Macha, Innana/Ishtar

Optimismus	Guanyin
Orgasmen	Isis, Innana/Ishtar
Schutz des Hauses	Guanyin, Hestia
Schutz	Anahita
Seine Anteilnahme	Äval
Sex	Aphrodite, Isis, Anahita, Äval, Hathor
Sinnliche Ziele	Xochiquetzal, Sarasvati
Suche nach Vergnügen	Xochiquetzal, Ushas
Tanz	Ushas
Transformation	Isis, Estsanatlehi
Ungezähmte Hingabe	Artemis
Verabredungen	Aphrodite, Lakshmi
Verführung	Macha, Hekate, Aphrodite, Sarasvati, Ushas
Wachstum	Kybele, Hera
Wasser-Rituale	Astarte, Benten, Sarasvati
Weibliche Weisheit	Estsanatlehi, Innana/Ishtar, Brigit, Hekate, Athene
Weisheit	Estsanatlehi, Ushas

Vereinigung mit der Göttin: Ihre orgasmische Quelle

Ein Orgasmus ist ein großer Energieschub – eine physische, psychische und emotionale Befreiung. Es ist einer der angenehmsten, tiefgründigsten und spirituellsten Momente, die wir erleben – allein oder miteinander.

Der Orgasmus wird im Wurzel-Chakra geboren. Wenn Sie ihn verstärken wollen, verbinden Sie beim Liebesakt immer wieder Ihre Wurzelenergie mit der Ihres Partners und lassen sie dann wieder los. Mit etwas Erfahrung können Sie dabei auch Ihre anderen Chakren öffnen und miteinbeziehen. Die überwältigende Kraft des Orgasmus steigt durch Ihre und seine Chakren nach oben. Diese können sich nacheinander oder gleichzeitig öffnen. Tatsächlich kann ein Orgasmus eine spontane wechselseitige Explosion auslösen.

Sie können ausprobieren, was passiert, wenn Sie bestimmte Zentren öffnen, und wie sich das auf Ihren Orgasmus auswirkt. Vielleicht halten Sie Ihre Erfahrungen in einem Tagebuch fest, damit Sie nicht vergessen, was bei Ihnen und ihm faszinierenden Sex erzeugt.

Dem eigenen sexuellen Rhythmus folgen

Jede Frau hat ihren eigenen sinnlichen Rhythmus. Dieser variiert und verändert sich. Es ist wie mit Ihrer Atmung: Wenn Sie darauf achten, werden Sie merken, daß sie sich Ihrem Verhalten entsprechend ändert. Ein anderer Tag, ein anderer Liebhaber, andere Liebestechniken beeinflussen Ihre Erregung.

Wenn Sie Ihren natürlichen Rhythmus nicht finden können, stellen Sie erst einmal sicher, daß Sie in Verbindung mit Ihren sieben Chakren sind – diese werden Ihnen helfen, ihn zu fühlen. Das gilt besonders dann, wenn Sie sich während des Liebesakts ablenken lassen und nicht wissen, wie Sie wieder zurückfinden sollen.

Wenn Sie sich daran gewöhnt haben, mit Ihrer Energie zu arbeiten, lassen Sie sie fließen. Experimentieren Sie ständig mit Ihrem Gefährten – spielen Sie mit seinem Rhythmus und lassen Sie ihn den Ihren spüren. Wenn Sie mit sich selbst im Einklang sind, wird Ihnen das zu einem erfüllteren Liebeserlebnis verhelfen und Sie beide einen gemeinsamen Rhythmus finden lassen.

Übung zur Steigerung Ihres sexuellen Rhythmus'

Bei dieser Übung nutzen Sie Ihren Rhythmus, um den Liebesakt zu bestimmen. Stellen Sie sich während der Penetration vor, wie das Feuer Ihres Wurzel-Chakras entfacht wird und sich die Energie dieses Chakras ausdehnt und wieder zusammenzieht. Ziehen Sie ihn in sich hinein, und drücken Sie ihn wieder heraus, öffnen und schließen Sie Ihr Wurzel-Zentrum physisch und psychisch. Das wird Ihre Lust steigern und sein Feuer schüren, weil dadurch ein Energiekreislauf zwischen Ihnen beiden entsteht.

Öffnen Sie dann Ihr Wurzel-Zentrum, und fühlen Sie seinen Rhythmus, dann verändern Sie den Ihren dementsprechend. Wenn Sie ihn zu Ihrem Rhythmus hinführen wollen, konzentrieren Sie sich auf Ihren eigenen, das wird ihn darauf einstimmen. Die Aura-Umhüllung, die wir am Ende dieses Kapitels vorstellen, ist auch nützlich.

Halten Sie immer wieder einige Augenblicke inne, um das Gefühl des Ausgefülltseins zu genießen. Sie können Ihren Beckenboden fest um ihn schließen. Die Lust steigert sich oft bei geringerem Tempo.

Fünf Grundstellungen für Sex, bei dem Sie Funken schlagen

1. Das Weibliche über dem Männlichen (Sie oben)

Wenn Sie diese Position nicht kennen, wird es Zeit für ein neues Abenteuer. Es ist Ihre Chance, die Führung zu übernehmen. Dies ist eine ausgezeichnete Stellung für Sie, um Ihren Rhythmus zu entdecken und die Stärke Ihrer Wurzel-Energie zu prüfen. Spielen Sie mit ihm, plaudern Sie, knabbern Sie an ihm, massieren Sie ihn, stimmen Sie Ihre Chakren aufeinander ein, und bringen Sie sich gegenseitig zum Höhepunkt.

2. Das Männliche über dem Weiblichen (er oben)

Ein Kissen unter Ihrem Po oder die Neigung Ihres Beckens wird Ihnen helfen, die Verbindung zu maximieren. Er hat hier die Führung, und Sie folgen ihm, aber natürlich haben wir ein paar Tips, wie Sie ihn beeinflussen können. Öffnen Sie Ihr Wurzel-Chakra und lassen Sie es in einem Rhythmus pulsieren, der Ihnen angenehm ist. Das ist eine gute Position, um mit Ihrem Herz-Chakra in Verbindung zu treten – sie kann ein zusätzliches Gefühl der Erfüllung bewirken.

3. Löffelchenposition oder: Weiblich = Männlich (nebeneinander)

Hierfür brauchen Sie keinen Zauberstab. Wenn Sie auf der Seite vor Ihrem Gefährten und in seinen Armen liegen, können Sie Ihr Vergnügen noch steigern, indem Sie ihn mit Ihren eigenen Händen führen. Probieren Sie mal, Ihre Chakren von hinten zu öffnen. Dies ist eine gute Position für intimere, langsamere Bewegungen.

Sich gegenseitig zu wiegen fördert eine tiefe Verbindung der Wurzel-Chakren, besonders wenn Sie sich nach vorne beugen und ihm Ihren Beckenboden entgegenbiegen. Sie sollten diese Stellung ausprobieren, wenn Sie mehr Zärtlichkeit in Ihr Liebesleben bringen wollen.

4. Von hinten (Sie auf den Knien)

Sie wird normalerweise mit Power-Sex assoziiert, denn diese Position hat einen ziemlich animalischen Charakter und kann Ihre wilde Seite zum Ausdruck bringen. Nehmen Sie sie ein, wenn Sie Ihrer Wildheit freien Lauf lassen wollen. Das kann

Ihrer Beziehung mehr Leidenschaft und Spontaneität verleihen und zu weiteren phantasievollen Situationen führen.

5. Im Sitzen mit einander zugewandten Gesichtern

Wir lieben diese Stellung, besonders bei Kerzenschein und in einem duftenden Bad. Sie können einander dabei so halten, daß Ihre Energiezentren sich beinahe berühren. Er übernimmt meist die Führung. Sie können aber auch ganz einfach einen Rhythmus finden, der Ihnen beiden zusagt. Wählen Sie diese Position, wenn Sie Ihre Energien miteinander verknüpfen wollen. Sie schafft eine wundervolle Nähe – eine Vereinigung auf körperlicher, emotionaler und geistiger Ebene.

Es gibt noch so viele andere Positionen, daß wir uns gar nicht wagen, mit der Auflistung fortzufahren. Wir würden sonst zu nichts anderem mehr kommen. Deshalb schlagen wir Ihnen vor, sich zu diesem Thema Anregungen aus anderen Büchern zu holen. Probieren Sie aus, experimentieren und genießen Sie!

Die Umhüllung mit der weiblichen energetischen Aura

Hüllen Sie ihn während des Liebesakts mit Ihrer übersinnlichen Energie ein, wie in einen Kokon, der sie beide wiegt und Ihre Verbindung intensiviert. Das funktioniert am besten mit einfachem oder innigem Sex, aber Sie können diese Übung auch bei der Power-Variante machen, um ihn in Ihre Stimmung zu bringen.

Versuchen Sie es zuerst allein, um sich daran zu gewöhnen.

Vergrößern Sie Ihre weibliche energetische Aura, indem Sie zunächst spüren, wie sie sich fünf bis zehn Zentimeter in die Ihren Körper umgebende Luft ausdehnt. Atmen Sie und dehnen Sie sie zu einer Energiewolke außerhalb Ihrer Haut aus. Sie werden dadurch Ihre reale Körpergröße nicht verändern, aber Sie werden das Gefühl haben, gewachsen zu sein.

Vergrößern Sie Ihre weibliche energetische Aura kurz vor oder während des Liebesakts. Umfangen Sie seinen Körper damit, während Sie sich vereinigen, und formen Sie so einen intimen sinnlichen Raum, in dem Sie beide miteinander verschmelzen.

Diese Umhüllung verstärkt das Gefühl des Einsseins. Sie kann hilfreich sein, wenn Sie oder er sich fern oder unverbunden fühlen, oder auch wenn Sie die Energie vergrößern wollen. Sie kann Ihnen auch dabei helfen, im selben Rhythmus zu bleiben. Sie können diese Übung auch einfach beim Kuscheln machen und wenn Sie sich einander nahe fühlen wollen.

Erhebe dich, Nordwind,
brause heran, o Südwind!
Wehe durch meinen Garten, daß seine Düfte niederrieseln!
Es komme mein Liebster in seinen Garten
und esse seine köstlichen Früchte!
HOHELIED 4:16

Mystische Sex-Tips
für Fortgeschrittene

Es ist nun an der Zeit, ihm zu sagen, daß Sie eine praktizierende Zauberin in Sachen Sex sind. Keine Angst, wir werden Ihnen dabei helfen, ihm das schonend beizubringen. Unserer Erfahrung nach kommt diese Nachricht oft sehr gut an – sie kann geradezu aufreizend wirken. Es kann aber auch sein, daß Ihr Partner etwas nervös darauf reagiert, weil er das Gefühl hat, Sie wüßten wegen der Zauberkünste mehr als er.

Eine indirekte Möglichkeit, ihm die Sache schonend beizubringen, wäre, ihm zu sagen, daß eine Ihrer Freundinnen das Buch benutzt. Wenn er dann neugierig wird, wissen Sie, daß Sie auf dem richtigen Weg sind.

Wenn Sie ihm das Ganze subtiler, gleichzeitig aber direkter beibringen wollen, probieren Sie folgendes:
- Leihen Sie sich *Die Hexen von Eastwick* auf Video aus, und fragen Sie ihn, ob er die Rolle von Jack Nicholson übernehmen möchte.
- Sagen Sie ihm, daß Sie mit ihm »über etwas sprechen müßten«. Er wird sehr erleichtert sein, festzustellen, daß es dabei um nichts geht, was ihn direkt betrifft.
- Lassen Sie das Buch auf dem Nachttisch liegen und warten Sie ab, was er dazu sagt.

Erzählen Sie ihm, was Sie wollen, aber setzen Sie ihn nicht unter Druck; darauf stehen Männer im allgemeinen nicht besonders.

Brigitte war gar nicht klar, wie gut das mit dem Verzaubern schon klappte ...

Wenn sich Ihr Partner damit einverstanden erklärt hat, ein paar Dinge aus dem Buch auszuprobieren, feiern Sie das mit Blumen, zünden Sie Kerzen an, und machen Sie die folgenden drei Übungen. Wenn Sie ihn dabei sanft führen, wird er sich schnell für die Sache begeistern.

Machen Sie ihn mit den sieben Chakren vertraut

Setzen Sie sich mit Ihrem Partner bequem hin, und sagen Sie ihm, er solle die Augen schließen. Bitten Sie ihn, ganz ruhig und tief zu atmen, und beschreiben Sie ihm dann mit sanfter und leiser Stimme, wo sich jedes Chakra befindet und welche Farbe es hat. Fordern Sie ihn auf, jedes Chakra einzeln zu erfühlen. Am besten beginnt er mit dem Basis-Chakra. Sie können ihm auch dabei helfen, indem Sie die entsprechenden Stellen sanft berühren.

Versuchen Sie, Ihre eigenen Zentren zu öffnen, während Sie mit ihm sprechen. Sie werden wahrscheinlich feststellen, daß diese Übung sehr leidenschaftliche Gefühle auslöst – es ist wohl überflüssig zu betonen, daß sie eine gute Vorbereitung zum Sex ist.

Aus zwei wird eins – denselben Rhythmus finden

Wie Ihr Herz besitzt auch Ihre Chakra-Energie einen eigenen Rhythmus. Wenn Sie mit Ihrem Gefährten schlafen, beeinflußt Ihr Rhythmus den seinen und umgekehrt. Wenn Sie einen gemeinsamen Rhythmus haben, ist das ein sehr schönes Gefühl, wenn nicht, ist das so, als wäre einer von Ihnen aus dem Takt. Wichtig ist, daß Sie sich auf Ihre Basis-Chakren konzentrieren und den Rhythmus spüren, den Sie dort zusammen erzeugen.

Erinnern Sie sich an die Übung, bei der es darum ging, Ihre Basis-Energie zu aktivieren, um sexuell auf Touren zu kommen. Man kann *zu zweit* genau dasselbe machen. Öffnen Sie Ihr Basis-Chakra, indem Sie Ihr Becken in einer rollenden Bewegung vor und zurück schieben. Ihr Partner wird automatisch dasselbe tun. Lassen Sie aus der Bewegung einen Rhythmus entstehen, der Ihnen beiden zusagt.

Sie können diese Übung machen, bevor oder während Sie miteinander schlafen. Wenn Sie einen gemeinsamen Rhythmus gefunden haben, spielen Sie damit – werden Sie gemeinsam schneller oder langsamer. Versuchen Sie, in der Bewegung einen Moment lang innezuhalten – das wird diese gemeinsame Erfahrung unglaublich intensivieren.

Eine gemeinsame energetische Aura erzeugen

Mit dieser Übung können Sie beide lernen, die Verbindung zwischen Ihren sieben Chakren zu spüren. Kerzen und Düfte sind auch hierbei wie immer gut geeignet, um eine verführerische oder gar magische Atmosphäre zu erzeugen.

Während Sie miteinander schlafen, sollte jeder von Ihnen ganz bewußt aus seinen Chakren in die des anderen atmen. Beginnen Sie mit dem Basis-Chakra und bewegen Sie sich von dort aus nach oben bis zum Scheitel-Chakra. Finden Sie dann zu Ihrer Energie im Basis-Chakra zurück. Sie können mit dieser Übung nach einem Durchgang aufhören oder das Ganze wiederholen. Spüren Sie, wie sich, während Sie miteinander schlafen, Ihre Energiezentren miteinander verbinden und wie grundlegend sich Ihre Empfindung dabei verändert.

Wenn Sie die Übung gut beherrschen, benutzen Sie sie, um sich auf diese Weise sexuell zu stimulieren. (Das können Sie auch tun, ohne daß er davon weiß.)

Löffel-Magie

Ihr Partner liegt auf der Seite und Sie hinter ihm.

Küssen Sie nun die Rückseite seiner Energiezentren. Beginnen Sie direkt oberhalb des Gesäßes und bewegen Sie sich dann weiter zum Kreuz, zu den unteren Rippen, zur Mitte der Rippen, zum Genick, zur Mitte des Kopfes und schließlich bis hinauf zum Kopf. Blasen Sie in jedes einzelne Zentrum Energie und Farbe. Auf diese Weise läßt sich auch hervorragend vermitteln, wo sich die Energiezentren befinden. Sie können auch jede Stelle mit einem Duftöl einreiben.

Legen Sie sich anschließend in Löffel-Stellung hinter Ihren Partner. Schließen Sie die Augen und spüren Sie, wie sich Ihre Aura ganz sanft um ihn legt, wie sich Ihre Energien miteinander verweben, von vorne nach hinten und von hinten nach vorne. Schicken Sie ihm aus Ihren Zentren Energie und konzentrieren Sie sich dabei besonders auf das erste, zweite und vierte. Nehmen Sie umgekehrt seine Energie in Ihre Zentren auf.

Fangen Sie damit an, Ihre Körper gemeinsam zu bewegen, und folgen Sie dabei dem Energiefluß. Das wird wie ein Tanz sein. Ihre Hände werden ganz selbstverständlich beginnen, seinen Körper zu streicheln.

Spüren Sie Ihren gemeinsamen Rhythmus. Führen Sie seine Hände mit Ihren über seinen Körper.

Wenn er dabei zu einem Orgasmus kommt, sollte das ohne Penetration erfolgen. Anschließend nehmen Sie seinen Platz ein, und er beginnt damit, Ihre Energiezentren zu küssen. Er liebkost Sie auf dieselbe Weise wie Sie ihn vorher.

Wenn Sie anschließend miteinander schlafen wollen, sollten Sie zuerst vorne liegen. Das wird Ihre gemeinsamen Empfindungen während des Vorspiels noch verstärken.

Mystische Sex-Tips
für Fortgeschrittene – in der Praxis

Da Sie jetzt mit den meisten mystischen Grundlagen vertraut sein dürften, hoffen wir, daß Sie sie nun auch nutzen. Sie verfügen über eine verführerische Garderobe, Duftöle, Farben und Kerzen; Sie kennen die unterschiedlichen Eigenschaften von Feuer, Erde, Luft und Wasser und, was das Wichtigste ist, Sie kennen Ihre weibliche energetische Aura und können Ihre sieben Chakren nutzen.

Wie Sie wahrscheinlich inzwischen wissen, hängt sexuelle Verzauberung in erster Linie von Ihnen und Ihrer Phantasie ab. Wir möchten Ihnen im folgenden nun ein paar Beispiele dafür geben, wie einige mit uns befreundete praktizierende Zauberinnen dabei vorgegangen sind. Wir hoffen, daß Sie die Geschichten dazu anregen, eigene Zaubertricks zu entwickeln. Die mystischen Sex-Tips für Fortgeschrittene beschreiben die unendlichen Möglichkeiten, die sich mit Ihrer Macht in die Realität umsetzen lassen. Ein befriedigendes Liebesspiel hat weniger mit einer bestimmten Stellung zu tun als vielmehr mit Phantasie, Verspieltheit, mystischem Wissen und Ihrem eigenen sinnlichen Selbst.

Belindas Berührungstechnik

»Ich mag es sehr, zu berühren und berührt zu werden. Auf diese Art lerne ich einen Mann am allerbesten kennen und fühle mich wohl mit ihm. Zur Einstimmung gehören für mich immer Kerzen und ein bestimmter Duft. Zusätzlich hülle ich mich in edle, sinnliche Stoffe – das ist dann meine Verpackung, die nur aufgemacht werden muß. Ich lasse dabei immer ein kleines Stück Brust unbedeckt, um die Phantasie meines Partners anzuregen. Zu diesem Zeitpunkt ist er meistens noch angezogen, was ihn unglaublich anzumachen scheint.

Wenn er damit beginnt, mich langsam auszuziehen und mich dabei streichelt, führe ich seine Hand dorthin, wo ich seine Liebkosungen am liebsten mag. Zwischendurch machen wir einige kurze Pausen, in denen er sich dann ganz ungeduldig auszieht. Ich bitte ihn immer, das Hemd anzulassen. Wir küssen und berühren uns sehr leicht und langsam. Ich fordere ihn auf, sich auf den Rücken zu legen und hülle seine Beine in meinen Stoff. Dann knöpfe ich langsam sein Hemd auf und küsse jedes einzelne seiner Chakren, wobei ich mit dem Scheitel-Chakra beginne und ihm zum Abschluß einen ganz leichten Kuß auf sein offensichtlich aktiviertes Basis-Chakra gebe.

Nun beginnt er mich zu führen. Ich berühre und liebkose ihn so, wie er das will, und tupfe etwas Vanilleöl auf sein Herz. Danach entschweben wir in unser besonderes sinnliches Nirwana.«

Die Frau aus dem Nebel

»Mein Partner und ich, wir sind beide Wasserzeichen. Die mystischen Sex-Tips haben mich dazu inspiriert, mit diesem Element zu spielen. Eines Tages, als er gerade dabei war, sich ein Fußballspiel anzusehen, ging ich in unser kleines Badezimmer und machte die Dusche an. Dabei ließ ich ganz heißes Wasser laufen und schloß die Tür, damit sich der Raum mit Wasserdampf füllte.

Im Schlafzimmer zog ich mir ein hauchdünnes Nachthemd an und flochte mir die Haare. Ich zündete Duftkerzen an und nahm sie mit hinüber ins Badezimmer. Als ich die Tür dort öffnete, ließ ich etwas von dem Wasserdampf aus dem Raum entweichen. Ich stellte mir das Wasser auf eine angenehme Temperatur ein und ging unter die Dusche.

Ich hörte, wie er mir nachrief: »Was machst du da drin?« Ich ermunterte ihn hereinzukommen. Das nasse durchsichtige Nachthemd, das an meinem Körper klebte, machte ihn auf der Stelle an. Er zog sich aus und kam unter die Dusche.

Die Kerzen flackerten in dem nebligen Raum. Es war wie in einer anderen Welt. Ich seifte ihn langsam ein, und er konnte nicht aufhören, mich zu streicheln und durch den Stoff zu berühren. Schließlich schob er das Nachthemd nach oben und drückte mich gegen die Fließen an der Wand. Wir ließen uns langsam in die Duschwanne gleiten. Dort saßen wir unter unserem selbstgemachten Wasserfall, umgeben von Wasserdampf, und küßten uns voller Lust. Mit meinem Dritten Auge stellte ich mir vor, in einem tropischen Regenwald zu sein und schickte dieses Bild zu ihm. Wir fielen voller Leidenschaft übereinander her.

Er war begeistert. Für das nächste Mal werde ich mir etwas mit einer Kissenlandschaft und Dschungel-Musik überlegen.«

Susannes Höhle

Susannes Ehemann wünschte sich, daß Susanne bei den gemeinsamen Liebesspielen wieder einmal die Führung übernähme. Sie wollte gerne etwas Wilderes ausprobieren, dabei aber auch nicht zu direkt sein. Sie machte die Sieben-Chakren-Meditation, und das Bild einer Wildkatze stieg in ihr auf. Da sie Katzen sehr mag, wußte sie, daß das ein Zeichen war. Sie sah in der Zeitung nach, wann Vollmond sein würde, und entschied sich, diese magische Zeit für die Verführung ihres Mannes zu nutzen.

Zur Vorbereitung entfernte sie sich zunächst alle Körperhaare und beträufelte ihre sieben Chakren mit Moschusöl. Sie kämmte sich die Haare streng nach hinten und feilte ihre Nägel so, daß sie aussahen wie Krallen. Schwarze Leggings, ein enganliegendes schwarzes Oberteil und ein Tuch mit Leopardenmuster um die Hüften machten ihre Verwandlung in eine Katze schließlich perfekt.

Sie baute ihr Schlafzimmer zu einer schwach beleuchteten, duftenden Höhle um und legte eine weiche Decke auf das Bett. Den Rest lassen wir nun Susanne selbst erzählen:

»Als er von der Arbeit nach Hause kam, lag ich wie eine Katze zusammengerollt auf dem Sofa im Wohnzimmer. Er kam herein, und ich gähnte genüßlich und streckte mich dabei. Ich sah ihn kurz mit halb geöffneten Augen an und rollte mich wieder zusammen. Er setzte sich neben mich und fragte mich, was los sei. Ich kuschelte mich auf seinen Schoß und verband unsere Basis-Chakren miteinander. Wir schmusten ein wenig. Dann drückte ich ihm ganz sanft meine Krallen ins Gesicht und stahl mich aus dem Zimmer. Ich hatte, bevor er kam, eine Flasche Whisky und ein Glas auf den Wohnzimmertisch gestellt. Während er sich davon etwas einschenkte, zündete ich die Kerzen im Schlafzimmer an und versteckte mich dort.

Er kam herein. Als er mich dort nicht sah, drehte er sich wieder um und entdeckte mich hinter der Tür. Ich schubste ihm den Drink aus der Hand und stieß ihn auf das Bett. Wir rauften miteinander.

Ich biß ihm ins Ohr und flüsterte: ›War es das, was du wolltest?‹ Bevor er antworten konnte, küßte ich ihn leidenschaftlich und biß ihm in die Lippen. Gleichzeitig spürte ich seine Erektion.

Als er die Fassung wiedergewonnen hatte, zog er mich unter sich und hielt mich mit einer Hand fest. Ich begann zu schnurren. Er glaubte sich in Sicherheit und lockerte den Griff für einen Moment. Ich lief in ein anderes Zimmer und zog mein Oberteil aus. Ich versuchte, an ihm vorbei zu entkommen, aber er packte mich, warf mich auf das Sofa und zog mich aus. Er hatte kaum Zeit, seine Hose zu öffnen, so erregt war er!

Wir hatten wilden Sex auf der Couch. Ich nutzte den Rhythmus meines Basis-Chakras, um seine Bewegung meiner anzupassen. Wenn ich jetzt Lust auf ihn habe, muß ich nur anfangen zu schnurren ...«

Niko und Katrins festliches Gelage

Niko und Katrin leben ihre Phantasien immer abwechselnd aus; auf diese Weise hat jeder von ihnen die Möglichkeit, seine Wünsche zum Ausdruck zu bringen. Es geht ihnen dabei immer um Genuß, Bewunderung für den anderen, Lust und irdisches Vergnügen.

Niko mag es besonders, wenn sie vor dem offenen Kamin Kissen so stapeln, daß man dort bequem liegen kann. Auf diesem Lager wird dann ein Satinlaken ausgebreitet, und da herum werden jede Menge purpurroter und weißer Kerzen aufgestellt. In greifbarer Nähe stehen Cognac und eine Schale mit Weintrauben. Bevor sie mit ihrem Liebesspiel beginnen, zünden sie den Kamin an.

Katrin verkleidet sich wie eine römische Prostituierte: Sie legt viel Make-up auf, trägt eine Perücke mit langem Haar und verhüllt ihren nackten Körper lässig mit einem durchsichtigen Chiffontuch. Sie hat sich das Schamhaar in Form geschnitten und parfümiert und in der Leiste ein Tattoo aufgeklebt.

Niko liegt in einem wallenden Gewand auf dem Kissenlager vor dem offenen Kamin. Katrin betritt das Zimmer mit einer Schale verschiedener Ölfläschchen. Im Hintergrund ist Opernmusik zu hören. Sie kniet sich ohne etwas zu sagen vor ihn hin und öffnet langsam sein Gewand. Sie reden die ganze Zeit nicht miteinander. Sie betupft seine Chakren mit Öl und massiert seinen Oberkörper. Dann setzt sie sich mit gespreizten Beinen auf ihn. Er macht eine Geste, daß er Trauben möchte. Sie füttert ihn solange, bis er genug hat. Dann dreht Katrin ihm den Rücken zu und besingt mit leiser Stimme sein Basis-Chakra. Sie gibt ihm den »magischen Kuß«, hört aber kurz bevor er kommt damit auf.

Sie dreht sich erneut zu ihm um, um ihm einen Blick auf ihr Basis-Chakra zu ermöglichen. Sie streichelt sich selbst, als ob sie ihn auf diese Weise locken wollte. Er nimmt sie von hinten. Sie vollzieht den »Atem der Leidenschaft«, bis er vor Lust aufschreit. Anschließend genehmigen sie sich gemeinsam ein Gläschen Cognac.

Katrin Lieblingsort ist das Schlafzimmer. Ein Baldachin aus Musselin hat das Bett in ein gemütliches Lager verwandelt. Auf dem Bett liegen mehrere frische Laken nachlässig verteilt. Pralinen, Blumen und Sekt befinden sich in Reichweite, und pastellfarbene Kerzen verbreiten einen Hauch von Jasmin in dem Zimmer. Eine Kassette mit Meeresrauschen ist zu hören.

Sie trägt ein vollkommen durchsichtiges Negligé. Es ist mit Perlen und Straß besetzt, der auch ihr Haar schmückt. Sie hat gerade ein warmes Bad genommen und ist vollkommen von Jasmin-Duft umhüllt.

Wenn sie Niko ruft, betritt er den Raum. Er ist nur mit einer Jeans bekleidet, sein Oberkörper ist nackt. Er tritt an das Bett, und sie bittet ihn um ein Glas Sekt. Während sie in kleinen Schlucken trinkt, massiert er ihr die Füße, küßt sie und sagt ihr, wie schön sie ist. Er küßt und liebkost anschließend ihren ganzen Körper, schickt seine Energie in ihre Zentren und nennt sie seine Göttin.

Dann schiebt er langsam Katrins Negligé nach oben und streichelt zärtlich ihre Brüste und ihren ganzen Körper. Er küßt sie wieder, nimmt sie in den Arm und sagt ihr, daß er sie liebt. Katrin führt seine Hand zu ihrem Basis-Chakra und bewegt sie dort in ihrem Rhythmus. Sie kommt sehr schnell zu einem Höhepunkt.

Gemeinsam trinken sie Sekt und essen Pralinen, bis Katrin schließlich wieder Lust verspürt.

Niko beginnt damit, sie langsam von oben nach unten zu küssen. Er verweilt bei ihrem Basis-Chakra und erregt sie sanft. Sie zieht seinen Kopf wieder nach oben und küßt ihn. Er wendet sich ihren Chakren zu und atmet – mit dem Scheitel-Chakra beginnend – tief in jedes einzelne und schickt seine Energie hinein.

Er dringt sanft in sie ein und rollt sich auf den Rücken. Katrin bewegt sich in ihrem eigenen Rhythmus. Sie nimmt seine Energie in sich auf, um das Erlebnis zu verlängern. Sie kommen gemeinsam zum Höhepunkt und liegen schließlich erschöpft zwischen den zerwühlten Laken. Katrin wird ganz schläfrig, wenn Niko ihr am Schluß über die Haare streichelt.

Weitere Anregungen für mystischen Sex

Schüler und Lehrer	die keusche Jungfrau
Höhlenmenschen	Doktor
Jäger und Gejagte	Polizist
Kokette	Gutsherr/Gutsherrin
Adam und Eva	Rockstar
Fremde	Entführte
Liebessklaven	Domina
Nutten und Priester	Geisha
Spione	Harem

Wie Sie sehen, sind Verzauberungen in sehr vielen verschiedenen Situationen möglich. Sie müssen dabei auch nicht nur zu zweit sein. Die Besetzung der Rollen und die Story sind ganz allein Ihrer Phantasie überlassen.

Weitere Accessoires

Früchte
Alkoholische Getränke
Sex-Spielzeug
Brotaufstrich (Marmelade,
Honig)
Körperfarben
Federn
Unterwäsche

Stoffe
Parfümierte Körperöle
Fesseln (Bänder,
Seidenstrümpfe)
Videos, erotische Literatur
Spiegel
Yoga, Tantra-Sex
Erotische Gespräche

Wenn Sie bei einigen dieser Vorschläge unsicher sind, ob Sie sie ausprobieren wollen, oder falls Sie eine Phantasie haben, die Sie sich nicht auszuleben trauen, machen Sie es wie Susanne: Nutzen Sie die Zeit um Vollmond, um Ihren Energien freien Lauf zu lassen.

Wenn gerade nicht Vollmond sein sollte, können Sie auch nach draußen gehen und in den Nachthimmel atmen. Sie werden sich dann vielleicht leichter fühlen und das Gefühl haben, daß alles möglich ist. Bleiben Sie nur nicht zu lange draußen, sonst wird es Ihnen schwerfallen zurückzukommen.

Sex ist keine Hexerei: ein paar ganz praktische mystische Tips

Eine Zauberin, die Meisterin ihres Fachs ist, ist niemals gelangweilt oder langweilt andere. Selbst wenn ihr Partner Schwierigkeiten hat, auf Touren zu kommen, weiß sie, was zu tun ist. Sie können die Energie erzeugen, die Sie beide für ein dauerhaft erfülltes sinnliches Erleben brauchen und mit Ihrem neuerworbenen Wissen jedes nur vorstellbare Problem bewältigen.

Ihre Zauberkräfte eignen sich hervorragend dazu, schwierigen Situationen früh genug auf den Grund zu gehen und sie nicht erst zu wirklichen Krisen werden zu lassen. Verlieren Sie nicht Ihr Mitgefühl und behalten Sie Ihren Humor (das machen wir auch), wenn Sie mit sexuellen Problemen konfrontiert werden, und werden Sie nicht ungeduldig.

Probleme wegzaubern

Wenn Sie und Ihr Partner Schwierigkeiten haben, die eindeutig sexueller Natur sind, gibt es da ein paar einfache Dinge, mit denen Sie das Feuer zwischen Ihnen wieder entfachen können. Und damit Sie nicht vergessen, daß dies alles keine Fragen von Leben und Tod sind, werden wir uns im folgenden eines entsprechend lockeren Tons bedienen.

Hilfe für Ihren Partner

Oje, ich kriege keinen hoch: Erektionsprobleme

Wenn Ihr Partner oft Mühe hat, eine Erektion zu bekommen (und wenn der Grund dafür nicht Alkohol, eine Depression oder Erschöpfung ist), hat er vielleicht einfach nur Angst. Sie können mit Hilfe Ihrer magischen Kräfte sowohl die gefühlsmäßigen als auch die körperlichen damit zusammenhängenden Probleme angehen. Aber was auch immer Sie tun, seien Sie in dieser Situation nicht zu direkt. Um es ganz deutlich zu sagen: **Stellen Sie keine Verbindung zu seinem Basis-Chakra her!**

Reinigen Sie zunächst mit Ihrer Hand seine Aura, und beseitigen Sie auf diese Weise jede Art von Energie, von der Sie meinen, daß sie ihm schadet.

Schicken Sie ihm von Ihrem Herz aus in seine Energie – das heißt, bedingungslose Liebe.

Tun Sie etwas, das ihn entspannt. Massieren Sie ihn zum Beispiel, baden Sie zusammen (eine Handvoll Meersalz wird helfen, jegliche negative Energie zu beseitigen). Sagen Sie ihm, daß Sie sich ihm sehr nahe fühlen. Wenn Sie miteinander schmusen, können Sie ihm durch Ihre Hand Basis-Energie schicken.

Es geht hier nicht darum, unbedingt etwas zu erreichen, sondern darum, daß er sich wieder gut fühlt. Denken Sie daran, daß seine Angst ansteckend sein kann; nutzen Sie Ihre magischen Kräfte, um sie zu mindern. Seien Sie sich ganz sicher, daß Sie nicht darauf aus sind, Ihre Kräfte unter Beweis zu stellen. Das würde auf Sie beide sehr großen Druck ausüben.

Wenn das Problem trotzdem weiterhin besteht, sollte er einen Arzt aufsuchen.

Der Schlaffi:
Wenn er die Erektion nicht halten kann

Ein weiteres Problem, das häufiger vorkommt, ist, daß die Erektion während des Liebesakts zurückgeht. Zärtliche Berührungen und ermunternde Worte können da helfen. Wenn die Erregung nicht wiederkommen sollte, ist das meistens auf Angst, Erschöpfung oder mangelndes Interesse zurückzuführen. Unterbrechen Sie Ihr Liebesspiel, und beschäftigen Sie sich mit etwas anderem, das Sie verbindet. Es sollte allerdings nichts mit Sex zu tun haben.

Wie wäre es, wenn Sie ihn mit Ihrer Aura umhüllen würden? Das wird ihn beruhigen und ihm wohltun. Sie werden sich als Paar wahrnehmen, und er wird sich dann nicht so allein fühlen. Sie können dabei auch in der Löffel-Stellung liegen, das wird es einfacher machen.

Rufen Sie Ihre Lieblingsgöttin herbei und lassen Sie sich von ihrer Energie treiben. Sie können ihm auch nach einer kurzen Ruhephase (wenn er nicht mehr daran denkt) Basis-Energie schicken.

Wenn dieses Problem häufiger vorkommt, ist einer von Ihnen beiden nicht bereit, die Verbindung zum anderen aufzunehmen. Siehe unter dem Stichwort Wiedervereinigung.

Das war's: Er kommt zu schnell

Es wird immer wieder einmal Zeiten geben, in denen Ihr Partner sehr schnell zum Orgasmus kommt. Vielleicht liegt es daran, daß Sie zu verführerisch sind. Das passiert vor allem dann, wenn Sie ein äußerst heißes Vorspiel hatten. Geben Sie ihm Zeit, sich zu erholen, und warten Sie darauf, daß er wieder in Fahrt kommt und noch einmal will. (Siehe auch »Ein zweites Mal« auf Seite 142.)

Wenn das allerdings ein häufiges Problem ist, wenden Sie verschiedene Techniken an, die das Basis-Chakra beruhigen.

Versuchen Sie Ihre Basis-Energie zu mindern und ihn abzulenken. Streichen Sie mit Ihren Fingern über sein Drittes Auge und schicken Sie dort Energie hinein. Bitten Sie ihn, Sie zu streicheln, zum Beispiel Ihre Brüste oder Ihren Po, oder Ihren Nacken zu küssen. Verbinden Sie Ihre oberen Chakren (Scheitel, Stirn und Kehlkopf) mit seinen entsprechenden Energiezentren. Oft hilft es auch, ein wenig zu reden und zu lachen.

Die Sache mit der Größe:
Ob er wohl mithalten kann?

Ihnen wird es vielleicht vollkommen egal sein, aber vielen Männern ist die Größe sehr wichtig. Für die meisten Frauen zählt das gute Gefühl und sonst nichts. Trotzdem haben Männer irgendwie ein Metermaß im Kopf. (Umgekehrt wird er wahrscheinlich genauso wenig verstehen, wieso Sie Ihr Po so beschäftigt.)

Sie können zwar nichts an der tatsächlichen Größe ändern, aber Sie können ihm dabei helfen, daß er sich weniger Gedanken darüber macht, indem Sie ganz entspannt mit der Situation umgehen. Schicken Sie ihm Herz-Energie und versuchen Sie, ihn abzulenken. Sein Ego zu streicheln, wird ihm auch nicht schaden: Machen Sie ihm einfach ab und zu einmal ein Kompliment über dieses Körperteil.

Herausforderungen für Zauberinnen

Wie guter Sex einfach noch besser wird

Also gut, Sie besitzen Phantasie, haben keine Probleme, einen Orgasmus zu kriegen und verfügen über magische Kräfte. Was fehlt Ihnen noch? Kommunikation. Sie müssen wissen, wie Sie Ihren Partner anleiten, damit er Sie selig machen kann.

Versuchen Sie es mit »Ah«, »Oh, das ist soo gut« und »Ja, ja, genau da«. Und so weiter. Stöhnen Sie, seufzen Sie oder machen Sie sonst irgendwelche Geräusche, die ihm zeigen, wie gut sich das anfühlt, was er da macht.

Was auch immer Sie tun, vermeiden Sie ein direktes Gespräch: Es ist weder besonders persönlich noch romantisch, zu erklären, wie A am besten nach B kommt.

Für mich bitte auch den magischen Kuß!

Sei es aufgrund einer schlechten Erfahrung oder einfach aus Unerfahrenheit: Manche Männer mögen ihre Partnerinnen einfach nicht oral befriedigen. Wenn Sie Ihren Partner in dieser Hinsicht zu mehr bewegen möchten, sollten Sie die folgende Übung ausprobieren. Vielleicht kommt er ja doch noch auf den Geschmack.

Wie Sie zu Ihrem wohlverdienten Lohn kommen

Um seinen Geschmackssinn zu testen, versuchen Sie es einmal mit der *9 1/2 Wochen*-Methode. Das heißt, daß Sie seine Augen verbinden, um ihn dann mit verschiedenen Speisen zu füttern (variieren Sie dabei verschiedene Geschmacksrichtungen und Konsistenzen von Speisen).

Nehmen Sie ihm die Augenbinde dann ab, und beginnen Sie,

ihn oral zu befriedigen – allerdings nicht so weit, daß er kommt. Fordern Sie ihn auf, dasselbe bei Ihnen zu machen. Nehmen Sie Sahne, Marmelade, Honig, Schokoladensauce – oder was auch immer er mag – und lassen Sie es Ihren Körper herunter bis zu Ihrem Basis-Chakra laufen.

Legen Sie Ihre Hand auf seine Kehle und schicken Sie durch sie hindurch blaues Licht in seinen Körper.

Wenn er es dann immer noch nicht versuchen möchte oder darauf einfach nicht steht, haben Sie leider Pech gehabt. Man kann niemanden zu seinem Glück zwingen.

Was auch immer Sie tun, versuchen Sie nicht, ihn dazu zu bringen, indem Sie ihm drohen, nicht mehr mit ihm zu schlafen. Sie würden Ihre Beziehung so wahrscheinlich aufs Spiel setzen. Das eine hat nichts mit dem anderen zu tun, und Liebe zeigt sich wirklich nicht in Techniken und Forderungen.

Kommst du? – Orgasmus, was ist das?

Haben Sie jemals einen gehabt? Wenn nicht, versuchen Sie es doch einmal mit Selbstbefriedigung. Beginnen Sie mit dem »Atem der Leidenschaft« und aktivieren Sie Ihre Basis-Energie, um auf Touren zu kommen. Führen Sie anschließend Ihre Hand zu Ihrem Basis-Chakra, massieren Sie sich, und spielen Sie mit Ihrem Körper, bis Sie zu einem Höhepunkt kommen. Sie können sich dabei auch ein Sex-Video oder eine Porno-Zeitschrift ansehen oder erotische Literatur lesen. Oder wie wäre es mit einem Vibrator?

Das größte Hindernis für einen Orgasmus ist meistens Angespanntheit. Versuchen Sie also, locker zu werden, und schaffen Sie sich eine angenehme Atmosphäre. Wenn Sie es einmal für sich selbst raushaben, ist es auch leichter, es mit jemand anderem zu genießen.

Machen Sie nicht den Fehler, Ihr sexuelles Vergnügen an der Häufigkeit oder Intensität zu messen, mit der Sie zu einem Orgasmus kommen. Sex bedeutet Kontakt und Austausch mit Ihrem Partner und ist kein Wettkampf um Höhepunkte.

Ein vorgetäuschter Orgasmus gibt vielleicht Ihrem Partner erst einmal ein gutes Gefühl und hilft Ihnen, sich zu entspannen. Das sollte aber wirklich nicht die Regel sein. Sie bringen sich sonst um eine wundervolle Erfahrung, und er wird so nie lernen, wie er Sie zu einem Höhepunkt bringt.

Wenn Sie wissen, was Sie wollen, und sich wohl fühlen, zeigen Sie es ihm. Ihm wird das wahrscheinlich sehr gefallen. Sie können jede Technik oder Rolle aus diesem Buch nutzen, um herauszufinden, was Ihnen gefällt.

Die große Oh-Übung

Bevor Sie an einem Freitag miteinander schlafen, zünden Sie eine rote Kerze an, atmen Sie die Farbe Rot in Ihr Basis- und Milz-Chakra, und tupfen Sie außerdem etwas Moschusöl auf Ihr Basis-Chakra. Versuchen Sie, sich während des Liebesspiels mit Ihrem Partner auf Ihren sinnlichen Kontakt zu konzentrieren. Versuchen Sie zu spüren, wie Sie beide geben und nehmen. Lassen Sie Ihre Erregung immer größer werden, und schicken Sie immer wieder Energie in Ihr Basis-Chakra. Es kommt nicht darauf an, daß Sie einen Orgasmus haben, genießen Sie einfach, was Sie empfinden. Versuchen Sie, sich in diesem Gefühl zu verlieren.

Oraler Sex – wie er Spaß macht

Hier sind Männer sehr gerne die Nutznießer. Und Frauen sind oft nicht sehr erpicht darauf, oralen Sex zu praktizieren. Siehe dazu unter »Der Magische Kuß«, S. 72. Vielleicht macht es diese Art der Annäherung einfacher für Sie.

Wenn Sie das Gefühl haben, schon würgen zu müssen, wenn Sie nur daran denken, versuchen Sie es einmal mit folgender Übung: Nehmen Sie einen Lutscher in den Mund und drücken

Sie ihn am Ende Ihrer Zunge nach unten. Dann ziehen Sie ihn langsam nach vorne. Bewegen Sie ihn anschließend einige Male vor und zurück.

Wenn Sie das bei Ihrem Partner machen, benutzen Sie zunächst ausschließlich die Zunge, bis Sie das Gefühl haben, zu mehr bereit zu sein. Sie müssen kein Spezialist für orale Befriedigung sein, Ihr Partner kann Ihnen sagen, was er mag und was nicht. Und das wird er sicherlich mit großem Vergnügen tun. Es gibt dabei kein Richtig oder Falsch, passen Sie bitte nur auf, daß Ihre Zähne ihm nicht weh tun.

Warum so eilig? – Verlängertes Vergnügen

Wenn Sie so richtig gut in Fahrt sind und nicht möchten, daß Sie schon zum Höhepunkt kommen, hören Sie nicht vollkommen mit Ihrem Liebesspiel auf, etwa im Sinne einer Verschnaufpause. Aktivieren Sie statt dessen Ihre weibliche energetische Aura. Sie können so Ihren gemeinsamen Rhythmus verlangsamen und damit Ihr Tempo etwas zurücknehmen. Wenn Sie miteinander schlafen, gibt es auch die Möglichkeit, Ihre Basis-Energie in Ihr Becken zu verteilen. Das wird Ihnen wahrscheinlich zunächst schwerfallen. Probieren Sie diese Technik deshalb am besten erst dann aus, wenn Sie entspannt genug sind, auch damit umzugehen, wenn es nicht sofort klappt.

Ein zweites Mal – wieder auf Touren kommen

Wenn bei ihm nichts mehr läuft, Sie aber noch ein zweites Mal könnten, versuchen Sie es mit der folgenden Übung – allerdings nicht zu schnell. Lassen Sie ihm etwas Ruhe und Zeit, damit er wieder zu Kräften kommen kann. Wenn Sie zu schnell versuchen, das Feuer wieder zu entfachen, riskieren Sie, daß es ganz ausgeht.

Schicken Sie ihm in einem gleichmäßigen Fluß Energie aus Ihrem in sein Basis-Chakra. Da in Ihrem Körper nach dem Liebesakt die Erregung langsamer abklingt, wird es Ihnen leicht fallen, ihn »aufzutanken«.

Umhüllen Sie ihn in dem langsamen Nachspiel-Rhythmus mit Ihrer Aura. Schicken Sie ihm aus Ihrem Stirn-Chakra erotische Bilder. Locken Sie ihn mit verspielten Gesten (küßen Sie ihm zum Beispiel den Nacken), und geben Sie ihm Zeit, darauf zu reagieren. Wenn Ihre Leidenschaft bei ihm auf keinen Widerhall stößt, schmusen Sie noch ein bißchen. Lassen Sie jetzt bloß nicht das Gefühl zu, versagt zu haben – darum geht es hier wirklich nicht. Er würde es außerdem spüren, und dann hätten Sie beide in der Tat ein Problem.

O nein! – Der abgebrochene Orgasmus

Manche Frauen kommen sehr schnell und versuchen dann, den Orgasmus zurückzuhalten, um auf ihren Partner zu warten. Das kann unter Umständen einen gemeinsamen Orgasmus verhindern. Wenn Sie das Gefühl haben, Ihr Orgasmus sei »unterbrochen« worden, müssen Sie Ihr Basis-Chakra neu aktivieren. Lassen Sie aus Ihrem Oberkörper Energie hineinströmen, und nutzen Sie seinen Rhythmus, um Ihr Feuer wieder zu entfachen.

Wie du mir, so ich dir:
Wie Sie kriegen, was Sie wollen

Wenn Sie auf ein ganz besonderes Vergnügen aus sind, auf das Ihr Partner aber nicht so viel Lust hat, spielen Sie »Wie du mir, so ich dir« mit ihm. Damit meinen wir, mit dem Partner eine Abmachung zu treffen – Sie kratzen ihm den Rücken und umgekehrt. Diese Taktik hat etwas von einem Geschäft, aber sie zeigt auf spielerische Weise, wie sehr Sie möchten, daß sich Ihr

Wunsch erfüllt. Vielleicht erweist er sich dann ja ganz spontan als großzügig. (Kann man nie wissen!)

Äußerlichkeiten und andere Belastungen

Unsere äußere Erscheinung ist eine der großen Tyranneien unserer Zeit. Wir wären am liebsten alle zwanzig und hätten den entsprechend perfekten Körper – was auch immer das gerade heißt. Es gibt Frauen, die sich, um dieses unmögliche Ideal zu erreichen, übergeben und fast zu Tode hungern. Selbst die schönen Frauen in den Zeitschriften von heute werden morgen schon nicht mehr darin abgebildet sein. Wenn Sie also darauf aus sind, dem aktuellen Schönheitsideal zu entsprechen, ist Ihre Niederlage schon vorprogrammiert.

Die wirklich schönen Frauen sind diejenigen, die sich selbst mögen. Wenn Sie sich Ihrer Sexualität bewußt und Ihrer selbst sicher sind, besitzen Sie eine Ausstrahlung, die in jedem Alter anziehend wirkt. Vielleicht sind Sie nicht im herkömmlichen Sinne schön und nicht die erste Person, auf die man blickt, wenn man einen Raum betritt, aber Sie sind attraktiv.

Wenn wir Probleme mit unserer äußeren Erscheinung haben, hat das oft mit der Angst zu tun, abgelehnt zu werden. Wir wissen, daß wir uns sehr angreifbar machen, wenn unser Körper bestimmten Vorstellungen nicht entspricht. Man kann uns vorwerfen, zu dick, zu sexy, zu mager und was auch immer zu sein. Das ist schon allen einmal so ergangen. Es ist wichtig, sich darüber im klaren zu sein, daß man mit diesem Problem nicht allein ist. Auch wenn es Menschen gibt, deren Aussehen allgemein als ideal empfunden wird, hat das nichts mit Ihnen und Ihrer Attraktivität zu tun. Eine Person, die sich attraktiv fühlt, *ist* attraktiv. Das ist der ganze Trick. Wenn Sie lernen, sich selbst zu akzeptieren, sind Sie auf dem richtigen Weg.

Lesen Sie dazu vielleicht noch mal das erste Kapitel, in dem es darum geht, Ihr inneres Selbst und Ihre innere Schönheit zum Ausdruck zu bringen. Wagen Sie einen ehrlichen Blick in den Spiegel, und schauen Sie nicht darauf, wie Sie auf andere wirken. Das wird Ihnen helfen, zu einer positiven Einstellung zu sich selbst zurückzufinden.

Wenn Sie etwas für Ihr Selbstwertgefühl tun wollen, probieren Sie die folgende Übung aus. Am besten machen Sie sie bei zunehmendem Mond.

Zaubern Sie Ihre Schönheit hervor!

Ziehen Sie sich etwas an, worin Sie sich schön und sinnlich fühlen. Zünden Sie eine Kerze an, und betupfen Sie Ihr Herz-Chakra mit Lavendelöl. Öffnen Sie Ihr Basis- und Ihr Stirn-Chakra. Spüren die Energie, die dort ist. Sehen Sie in einen Spiegel.

Sagen Sie laut:

Leidenschaftliche Aphrodite,
laß mich an Deinem Wissen teilhaben.
Schönheit, Lust und Liebeskunst.
Ich habe die Kraft zu verführen und zu betören.
In dieser Nacht werde ich die Macht nutzen,
die mir als Frau geschenkt worden ist.
So wird es sein.
Und so ist es.

Wenn Sie für diese Übung nicht in Stimmung sind, warten Sie, bis es soweit ist. Wiederholen Sie sie so oft, wie es Ihnen nötig erscheint.

Lassen Sie sich nicht kleinkriegen

Denken Sie daran, jeder muß mal eine Abfuhr einstecken – selbst die Menschen, von denen Sie es am wenigsten erwarten würden. Achten Sie deshalb einmal darauf, wie Sie damit zurechtkommen, wenn man Sie zurückweist.

Lassen Sie sich nicht zermürben und zu sehr aus der Fassung bringen. Wenn eine Zurückweisung Sie wirklich fertigmacht, verlieren Sie Ihre Stärke an genau denjenigen, der sie nicht zu schätzen wußte. Das wird Ihre Anziehungskraft mindern. Wenn Sie richtig wütend werden, kann das auf der anderen Seite auch dazu führen, daß sich andere nicht mehr trauen, in Ihre Nähe zu kommen.

Es ist normal, in einer solchen Situation Zorn oder Traurigkeit zu empfinden, verharren Sie nur nicht zu lange bei diesen Gefühlen. Spüren Sie ihnen nach und versuchen Sie dann, sie loszulassen. Wenn Sie sich von ihnen verabschieden, heißt das nicht, daß Ihre Beziehung oder Ihr Gefühl bedeutungslos gewesen wäre.

Hemmungen ablegen

Viele Hemmungen beruhen auf Schamgefühlen. Stellen Sie zunächst einmal den Unterschied zwischen dem, was Sie nicht mögen und dem, wovor Sie tatsächlich Hemmungen empfinden, fest. Wenn Sie zum Beispiel beim Sex nicht gerne oben liegen, weil Sie nicht mögen, wie dann Ihr Bauch aussieht, hat das mit Scham zu tun; wenn Sie allerdings nicht darauf stehen, mit ihm in ein giftgrünes Schaumbad zu steigen, ist das lediglich eine Frage der persönlichen Vorlieben.

Am besten fangen Sie damit an, sich genau die Dinge vor Augen zu führen, die bei Ihnen zu Hemmungen führen. Achten Sie darauf, wie Sie sich in Ihrer Phantasie verhalten, und lernen Sie daraus. Dann haben Sie nur noch die (kleine) Aufgabe vor sich, mit Ihrem Partner darüber zu sprechen und Möglichkeiten zu finden, wie Sie Ihre Phantasien umsetzen können.

Für ein Gespräch mit Ihrem Partner ist es immer sinnvoll, ihm im voraus zu sagen, daß es Ihnen schwerfällt, über etwas Bestimmtes zu reden. Das wird ihn empfänglicher für ein solches Thema machen. Sie können auch ein wenig Lavendelöl auf Ihr Herz-Chakra tupfen, damit Sie nicht so nervös sind.

Angst loslassen

Zünden Sie an einem Montag bei abnehmendem Mond eine weiße Kerze an, geben Sie einen oder mehrere Eiswürfel in eine Schüssel. Umgeben Sie sich mit weißem Licht.

Sagen Sie laut:
> *So wie das Eis schmilzt, werden meine Hemmungen und Schamgefühle vergehen.*
> *Ich fühle mich sicher und geschützt. Ich lasse meine inneren Schranken fallen und öffne mich für Selbstliebe und Neugier. Ich befreie mich von meiner Angst und fremden Urteilen, die mein Leben negativ beeinflußt haben.*

Wiederholen Sie dieses Ritual, so oft Sie möchten. Sie können es auch auf andere Ängste beziehen, ändern Sie dann den Text einfach entsprechend.

Keine oder wenig Libido

Manchmal sind Sie verrückt nach Ihrem Partner und manchmal nicht. Das ist normal. Alle Beziehungen gehen durch solche Phasen.

Nähe und ein vertrauter Umgang miteinander sind eine gute Basis, damit erneut sexuelles Verlangen entstehen kann. Finden Sie anhand der Fragen auf den Seiten 149/150 heraus, ob Sie noch genug Zuneigung füreinander empfinden, und nutzen Sie Ihre Zauberkräfte.

Das Feuer schüren

Nehmen Sie sich für diese Übung an einem Dienstag abend bei zunehmendem Mond Zeit. Sie sollten sich sicher sein, daß Ihr Partner ebenfalls zu Hause sein wird. Bevor er kommt, zünden Sie eine rote Kerze an und setzen Sie sich davor. Konzentrieren Sie sich auf die Kerze: Atmen Sie die Hitze der Flamme in Ihr Herz und lassen Sie sie bis in Ihr Basis-Chakra fließen. Spüren Sie, wie sich dort ein wärmendes Feuer entwickelt. Sie können auch die Hände auf Ihr Basis-Chakra legen oder die Kerze davor halten. Wenn Sie dann soweit sind, legen Sie Ihre Hände auf den Boden und bitten Sie mit lauter Stimme die Göttin Artemis, Ihnen dabei zu helfen, die Leidenschaft in Ihnen erneut zu entfachen. (Artemis ist die Göttin der ungezähmten Leidenschaft.)

Lassen Sie die Kerze anschließend einfach weiterbrennen. Wenn Ihr Partner nach Hause kommt, essen Sie zusammen von einem Teller Käse und Früchte, und trinken Sie aus demselben Glas Wein. Machen Sie es sich gemütlich und warten Sie ab, was passiert.

Anmerkung: Die Libido kann auch durch Depressionen, körperliche Leiden, eine Schilddrüsenunterfunktion und einige Antidepressiva negativ beeinflußt werden. Wenn Sie über einen längeren Zeitraum keine Lust verspüren oder den leisen Verdacht haben, daß irgend etwas nicht in Ordnung ist, könnte es nötig sein, gründlicher nach der Ursache des Problems zu forschen.

Jenseits von Zauberei

Wenn Ihre Zauberkünste in letzter Zeit keine Wirkung mehr zeigen, könnte die Ursache dafür nicht beim Sex, sondern irgendwo anders in Ihrem Leben liegen. Sex muß oft als eine Art »Sündenbock« herhalten. Schwierigkeiten im Sexualleben haben aber häufig ihren Ursprung im Gefühlsleben und in einem Mangel an Kommunikation in der Partnerschaft.

Sehen Sie sich die folgende Liste an, um zu überprüfen, ob einer der angesprochenen Punkte auf Sie oder Ihren Partner zutrifft.

Für ihn
- Ist er überarbeitet?
- Hat er Geldsorgen?
- Ist er im Beruf auf Ablehnung gestoßen?
- Befindet er sich in einer Lebenskrise?
- Ist er depressiv?
- Fühlt er sich alt?
- Trinkt er zuviel, oder nimmt er sonstige Drogen?

Sie können versuchen, mit ihm über irgendeine dieser Fragen zu sprechen, viele Männer sind aber nicht bereit, etwas dazu zu sagen. Nehmen Sie es nicht persönlich, so reagieren nun einmal die meisten. Sie sollten Ihrem Partner aber trotzdem durch mitfühlende Fragen zeigen, daß Sie für ihn da sind, und ihm das Gefühl geben, daß die Probleme, die er gerade hat, auch wieder vorbeigehen. Achten Sie aber auch darauf, daß diese Situation nicht zu lange anhält. Sollte das der Fall sein, könnten Sie ihm eine Therapie vorschlagen, die Sie auch gemeinsam machen könnten.

Wenn keiner von Ihnen beiden die Probleme anpackt, laufen Sie Gefahr, Ihre Beziehung aufs Spiel zu setzen. Probleme zu leugnen geht meistens nicht lange gut. Männer, die nicht lernen, sich mit ihren Schwierigkeiten auseinanderzusetzen, suchen häufig anderswo nach Bestätigung – im Klartext heißt das, sie suchen sich jemand anderen. Frauen hingegen neigen oft dazu, sich auf sich selbst zurückzuziehen, ihr Selbstwertgefühl sinkt, und sie werden depressiv.

Für Sie
- Ist Sex für Sie ein Mittel, sich zu beweisen, daß Sie immer noch anziehend sind?

- Hegen Sie Groll gegen Ihren Partner?
- Bekommen Sie gerade Ihre Periode?
- Befinden Sie sich in einer Beziehung, die vielleicht besser beendet werden sollte?
- Haben Sie das Gefühl, zuviel gegeben zu haben?
- Sind Sie sehr müde?
- Haben Sie sich die Zeit genommen, mit Ihrem Partner allein zu sein? Um mit sich selbst allein zu sein?
- Lassen Sie Sex manchmal »über sich ergehen«?
- Trinken Sie, oder nehmen Sie andere Drogen?
- Sind Sie depressiv?

Wenn Sie auf eine dieser Fragen mit Ja geantwortet haben, versuchen Sie, dem Problem auf den Grund zu gehen. Sie können mit Ihrem Partner darüber sprechen, einen Therapeuten aufsuchen oder mit einem Freund oder einer Freundin darüber reden. Sex ist hier auf jeden Fall nicht Ihr Hauptproblem.

Alles klar? Wenn Sie noch mehr über Ihre geheimen Kräfte wissen wollen, lesen Sie weiter.

Der Ehemann, der seine Frau mit einem anderen Mann sah

Ein Bauer lag in seinem Haus auf der Lauer,
um zu sehen, was dort vor sich ging.
Er sah, wie sich ein anderer Mann
mit seiner Frau im Bett vergnügte.
»Ach«, sagte er, »was habe ich da gesehen?«
Seine Frau antwortete: »Was meinst du damit?
Guter Mann, meine Liebe, was hast du gesehen?«
»Du hieltest, ich bin ganz sicher«, sagte er,
»einen anderen Mann in den Armen.«
Seine Frau antwortete mit Zorn im Gesicht:

»*Einen Mann? O ganz bestimmt,*
du bist wieder krank, das sage ich dir.
Du stellst Lügen dar, als wären sie wahr.«
»*Ich traue meinen Augen – das muß ich tun.*«
»*Du bist verrückt*«, *sagte sie,* »*zu denken, du kannst darauf*
bestehen, mich mit einem anderen Mann gesehen zu haben.
Nun sag die Wahrheit, sogleich, sei so gut.«
»*Ich sah ihn in den Wald verschwinden.*«
»*O nein!*« *sagte sie.* »*Das bedeutet, daß ich*
ganz sicher heute oder morgen sterben werde.
So erging es meiner Großmutter, wie du weißt,
meiner Mutter ebenfalls und jetzt mir.
Es passierte, kurz bevor sie starben,
das ist eine weit und breit wohlbekannte Tatsache,
daß ein junger Mann beide abführte, wie du weißt.
Sie gingen aus keinem anderen Grund.
Mein Ende ist nah, die Würfel sind gefallen,
schick nach meinen Cousinen, ich brauche sie schnell.
Laß uns all unser Vermögen teilen,
ich darf keine Zeit verlieren, verstehst du?
Mit allem, was mir gehört
werde ich mich in ein Nonnenkloster zurückziehen.«
Als der Bauer das hörte, fing er vor Angst an zu weinen:
»*Laß es gut sein, laß es gut sein, mein Schatz, mein Liebling,*
verlaß mich jetzt nicht, nicht so, ich schwöre,
ich habe alles erfunden, was ich heute gesehen habe.«
»*Ich wage es nicht zu bleiben, es ist viel zu spät,*
ich mache mir Sorgen um mein Seelenleben,
vor allem nach der Schande
die du auf meinen guten Namen geladen hast.
Man wird mich dafür zur Verantwortung ziehen,
das weiß ich genau,
daß ich dich so schlecht behandelt habe.
Es sei denn, du würdest vielleicht
im Beisein meiner ganzen Familie schwören,

daß du niemals einen Mann mit mir zusammen gesehen hast.
Und du mußt ebenfalls schwören,
daß du diese Angelegenheit vergißt und daß du
mir deshalb nie wieder zusetzt.«
Er antwortete: »Meine Frau, ich bin einverstanden.«
Die beiden gingen in die Kirche, und er
schwor bald alles, worum sie ihn gebeten hatte,
ja, das alles und noch viel, viel mehr.

Mᴀʀɪᴇ ᴅᴇ Fʀᴀɴᴄᴇ

❦

Hexenzauber für allerlei Beziehungsprobleme

Ja, es stimmt, sexuelle Verzauberung ist nicht nur im Schlafzimmer möglich, sondern kann auch ganz allgemein bei Beziehungsproblemen angewandt werden. Denken Sie aber daran: Zu Schwierigkeiten in der Partnerschaft gehören immer zwei.

In diesem, wie wir meinen, sehr hilfreichen Kapitel geht es darum, wie man mit einigen typischen Beziehungskrankheiten

Eifersucht
Besessenheit
Manipulation und Kontrolle
Ärger
Trennungsängste

Unfähigkeit, die Vergangenheit loszulassen
Untreue
Sehnsucht

umgeht und sie beseitigt. Dazu gehören:
Wenn Sie herausfinden möchten, was davon auf Sie zutrifft, sollten Sie weiterlesen. Seien Sie nicht überrascht davon, daß sich ein bißchen von allem in jeder Beziehung findet. Konzentrieren Sie sich auf die Dinge, die Ihnen in Ihrer Beziehung am problematischsten erscheinen.

Eifersucht – sucht mit Eifer, was Leiden schafft

Selbst in den vertrautesten und tollsten Beziehungen gibt es ein gewisses Maß an Eifersucht. Das ist so lange normal, wie dieses Gefühl nicht zu häufig vorkommt und als Problem zwischen den Partnern steht.

Eifersucht kann entstehen aus:
- Unsicherheit
- Besitzergreifendem Denken
- Unfähigkeit, sich Veränderungen oder Risiken zu stellen
- Angst vor Ablehnung und Trennung
- Gefühlen der Unzulänglichkeit

Die Eifersucht sitzt im Basis- und Solarplexus-Chakra; sie hat vor allem mit Machtkampf und sexuellen Gefühlen zu tun.

Die psychische Dimension von Eifersucht

Eifersucht kann zu einer sich selbst erfüllenden Prophezeihung werden. Sie führt zu einem Mißtrauen, das Beziehungen zerstören kann. Auch ist sie eine Absage an die Liebe, da die eifersüchtige Person der Liebe des Partners nicht traut oder sie nicht akzeptiert. Mit der Zeit wird sich die Herz-Verbindung des Paares auflösen, und es tritt damit genau die Situation ein, die der oder die Eifersüchtige am meisten gefürchtet hat.

Sollten Sie wirklich immer nachgeben, um einen Streit mit Ihrem Partner zu vermeiden? Nein. Wenn Sie den Ansprüchen einer eifersüchtigen Person ständig nachkommen, kann das auch Ihre Liebe mindern. Vom eigenen Partner bewundert zu werden bedeutet, mit einer Energie erfüllt zu werden, die auf die Beziehung zurückstrahlt. Wenn Ihnen das versagt bleibt, gibt es zwei Alternativen. Entweder Sie werden zu einem Schatten

Ihrer selbst und einem Anhängsel Ihres Partners. Oder all Ihre angestaute Energie explodiert, und häufig zerbricht dann die Beziehung. Keine dieser beiden Möglichkeiten ist besonders erstrebenswert oder konstruktiv.

Wie man Eifersucht heilen kann

Diese Übungen sind sowohl für den eifersüchtigen Partner gedacht als auch für denjenigen, gegen den sich die Eifersucht richtet. Umgeben Sie sich mit Duftölen, die öffnend wirken – Vanille und Lavendel zum Beispiel. Dekorieren Sie Ihre Wohnung mit Objekten aus der Natur und Dingen, die eine Atmosphäre von Leichtigkeit ausstrahlen wie Federn, Blumen und Amethysten. Wenn die Eifersuchtsgefühle sehr stark sind, werden diese Dinge der betroffenen Person helfen, sich zu entspannen, und den anderen Partner darin unterstützen, mit der Situation fertig zu werden.

Ein ganz wichtiger Tip: Wenn Sie die Eifersucht packt, vergessen Sie nicht, bewußt zu atmen! Das kann sehr hilfreich sein.

Eifersuchtsgefühle mindern

Bei Eifersucht hat sich folgende Übung sehr gut bewährt: Reinigen Sie Ihr Solarplexus-Chakra mit Salz oder Räucherwerk; versuchen Sie, sich darüber klarzuwerden, warum es sich so angespannt anfühlt. Spannung in diesem Bereich ist ein Zeichen dafür, daß Sie auf Schwierigkeiten zusteuern. Wenn Sie Eifersucht verspüren oder das Gefühl haben, daß Sie etwas einengt, seien es Ihre Gefühle oder Ihr Partner, atmen Sie in Ihre weibliche energetische Aura. Tragen Sie keine gelbe Kleidung. Umgeben Sie Ihren Partner mit pinkfarbenem Licht, um Ihre Verbindung zu stärken.

Wenn Ihr Partner Probleme mit seinem Solarplexus-Chakra hat, können Sie leider nicht viel für ihn tun. Alles, was dann in

Ihrer Macht steht, ist, dafür zu sorgen, daß Ihre Herz-Verbindung bestehen bleibt. Achten Sie ebenfalls darauf, ihm klare Grenzen zu setzen – wie sehr passen Sie Ihr Verhalten an, um seinen Bedürfnissen gerecht zu werden? Lernen Sie Ihre Grenzen kennen, und lassen Sie nicht zu, daß er Sie mit seinen Ansprüchen erstickt. Ansonsten wird es für Sie sehr schwierig sein, sich gut zu fühlen. Das wird sich ebenfalls auf Ihre Kreativität und Ihr Leben im allgemeinen übertragen. Der Preis, den Sie hier zahlen, ist zu hoch.

Um es auf den Punkt zu bringen: Wenn Sie nichts gegen Eifersucht unternehmen, können die Konsequenzen sehr unangenehm sein.

Besessenheit

Unsere Freundin Anne ist ein hervorragendes Beispiel für einen Menschen, der besessen ist.

Eines Tages kam sie zum Mittagessen bei uns vorbei. Hier ein Ausschnitt des gut halbstündigen Gesprächs mit ihr.

Anne: Habe ich euch schon gesagt, daß Roy am Montag diesen großen Termin hat? Das ist wirklich ein ganz wichtiger, er könnte für ihn neue Perspektiven im Job bedeuten, und vielleicht kommt dabei sogar ein Geschäftswagen raus…

Wir: Ja, das sagtest du bereits, als du hereingekommen bist.

Anne: Gestern abend ist er dann losgegangen, um sich eine neue Krawatte zu kaufen. Sie soll zu seinem dunkelblauen Nadelstreifenanzug passen – der ist doch für einen solchen Termin in Ordnung, oder? –, auf jeden Fall sagte ich ihm, daß ich ihn begleiten würde, um eine Krawatte auszusuchen. Eigentlich hatte ich ja ein Abendessen mit meiner Freundin Julie geplant, sie hat gerade eine Operation hinter sich …

Wir: Das heißt, du hast das Abendessen mit deiner Freundin, die gerade aus dem Krankenhaus kam, abgesagt?

Anne: ...aber er sagte mir, ich sollte mir wegen der Krawatte keine Gedanken machen und lieber Julie treffen. Julie und ich haben uns dann entschieden, in einem Restaurant in der Nähe seiner Lieblingsboutique zu Abend zu essen.

Wir: Ah ja.

Anne: Da sind wir dann mal eben reingegangen, und ich habe ihm eine Krawatte gekauft – nur für den Fall, daß er keine gefunden hatte. Er war allerdings nicht da. Wir haben dort mindestens eine Stunde gewartet.

Wir: Arme Julie...

Anne: Glaubt ihr, daß er wirklich in dieses Geschäft gegangen ist oder meint ihr, daß ich mir Sorgen machen müßte? Vielleicht hatte er ja eine heimliche Verabredung. Ich meine, er hat sich schließlich etwas seltsam verhalten. Ich denke, ich würde das durch die Kreditkarten-Belege rauskriegen. Aber wenn er nun bar bezahlt hat...

Wir sahen uns an, sahen sie an und sagten: »Wir sollten mal miteinander reden.«

Anne hatte keine Lust zuzuhören, aber dann brachten wir das Thema auf die Gefahren von Besessenheit: **Wenn du dieses zwanghafte Verhalten nicht in den Griff bekommst, wird es dazu führen, daß er dich verläßt.**

Das saß.

Überprüfen Sie sich anhand der folgenden Liste selbst – wenn Sie sich ähnlich verhalten würden, obwohl es Ihnen in Ihrer Partnerschaft eigentlich gut geht, neigen Sie zur Besessenheit.

- Steht Ihr Partner bei Ihnen immer an erster Stelle?
- Vernachlässigen Sie Ihre eigenen Bedürfnisse?
- Versuchen Sie nach Möglichkeit alle Ihre Pläne nach ihm auszurichten?
- Haben Sie das Gefühl, Ihr Leben wäre vorbei, wenn er Sie verlassen würde?

● Fühlen Sie sich verpflichtet, seine Probleme zu lösen oder ihm wo nur möglich zu helfen?
● Fragen Sie ständig Ihre Freunde um Rat, ohne daß Sie ihr Urteil wirklich interessiert?
(Dieses Verhalten ist in den ersten Monaten einer Beziehung, wenn beide frisch verliebt sind, absolut normal. In dieser Zeit verhalten Sie sich allerdings *beide* so.)

Wenn Sie auf eine dieser Fragen mit Ja geantwortet haben, sind Sie vom Dämon der Besessenheit besessen.

Wie befreie ich mich von meiner Besessenheit?

12 praktische Tips, um den Dämon loszuwerden

1. Machen Sie sich bewußt, daß Ihr Verhalten zwanghaft ist.
2. Versichern Sie sich selbst, daß Sie sich in Zukunft anders verhalten möchten (das ist der schwierigste Schritt). Machen Sie sich klar, daß es unsinnig ist, sich so anzustrengen, um Ihren Partner zu halten.
3. Achten Sie einmal darauf, wie oft Sie an ihn denken oder über ihn sprechen. Setzen Sie sich dafür eine Grenze und halten Sie sich daran.
4. Ist Ihnen bewußt, wie oft Sie Ihre Pläne oder Entscheidungen danach richten, was er möchte. Was würden Sie gerne tun, wenn Sie sich nicht ständig Gedanken um ihn machen müßten? – Tun Sie es.
5. Hören Sie auf, andauernd Ihren Freunden von ihm zu erzählen – hören Sie ihnen einfach zu.
6. Wenn er Sie um etwas bittet, machen Sie es nicht immer, nur weil er das so möchte.
7. Ändern Sie niemals Ihre Pläne wegen ihm – außer es gibt wirklich einen überzeugenden Grund dafür.
8. Verbringen Sie mal ein Wochenende ohne ihn.
9. Bitten Sie ihn, etwas für Sie zu tun.

10. Nehmen Sie sich Zeit für Ihre Freunde und andere Aktivitäten.
11. Gehen Sie aus. Flirten Sie.
12. Planen Sie Ihr Leben so, daß es auch ohne ihn weitergehen würde.

Besessenheit macht schwach

Besessenheit ist ein gestörtes psychisches Verhalten. Sie legen damit Ihre Kräfte in die Hände einer Person, die das gar nicht möchte. Sie versuchen, Ihre gesamte Energie auf Ihren Partner zu konzentrieren und ihn damit auf sehr unnatürliche Weise an sich zu binden. Das ist für Sie beide sehr negativ.

Je länger dieser Zustand anhält, desto weniger Kraft besitzen Sie und desto wichtiger wird er für Ihr Leben – leider nur in Ihrer Vorstellung. Wie Sie sich denken können, ist das der sicherste Weg, um auf ein Unglück zuzusteuern.

Unter solchen Bedingungen können Sie auch keine gute Zauberin sein. Es ist deshalb an der Zeit, den Dämon Besessenheit loszuwerden.

Der Exorzismus: Erster Teil

Diese Übung sollten Sie bei Vollmond machen (auch wenn Sie an diesem Tag eine Verabredung mit Ihrem Partner haben).

Nehmen Sie eine Dusche, und reiben Sie die Vorder- und Rückseite Ihres Körpers an den Stellen, wo sich die Chakren befinden, mit Meersalz ein.

Setzen Sie sich anschließend ruhig auf den Boden, wobei Ihre Füße aufgestellt sein sollten.

Zünden Sie eine weiße Kerze an.

Legen Sie ein Messer vor sich hin.

Betupfen Sie die Chakren mit Lavendelöl oder Wasser.

Beginnen Sie beim Basis-Chakra und wandern Sie dann weiter nach oben.

Atmen Sie in jedes Zentrum die entsprechende Farbe, und öffnen Sie es so weit wie möglich. (Wahrscheinlich fällt es Ihnen besonders schwer, das zweites Zentrum zu öffnen.)

Nehmen Sie das Messer in die Hand.

Durchschneiden Sie die Luft um sich herum.

Sagen Sie laut:

Ich rufe Hekate, die Weise,
und bitte sie, mir dabei zu helfen, mich von der Besessenheit
zu befreien.
Mit dem Schwert des Mitgefühls durchtrenne ich
die negativen Verbindungen zwischen mir und
[nennen Sie seinen Namen].
Ich lasse mich dabei von der Göttin führen und fühle mich
durch ihre Unterstützung sicher und behütet.
Ja, ich bin für diesen Heilungsprozeß bereit,
in meinem Herzen und auch in meinem Leben.
So ist es. Und so wird es sein.

Wiederholen Sie diesen Text, so oft Sie wollen, bis zum nächsten Neumond.

Besessenheit: Zweiter Teil

Finden Sie zu Ihrer Stärke zurück.

Reiben Sie bei Neumond wiederum Ihre Chakren unter der Dusche mit Meersalz ein.

Zünden Sie eine rote und eine gelbe Kerze an.

Tupfen Sie auf die Vorderseite Ihres Basis-Chakras (auf den Schambeinknochen) und die Rückseite (Ihr Steißbein) ein wenig Pfefferminzöl. Machen Sie dasselbe auf der Vorder- und Rückseite des Solarplexus-Chakras.

Setzen Sie sich vor die brennenden Kerzen, konzentrieren Sie sich auf die Flamme und atmen Sie in sie hinein.

Nehmen Sie die rote Kerze in die Hand. Halten Sie sie vor Ihr Basis-Chakra. Atmen Sie in ihr Licht und in ihre Wärme.

Sagen Sie laut:
Mit dieser Kerze finde ich zu meinen Lebenskräften zurück,
meinem Willen und meinem Glauben,
mit oder ohne einen Partner zu leben zu können.
Ich neige mein Basis-Chakra zur Erde, zu seiner Quelle.

Stellen Sie die rote Kerze ab, und nehmen Sie die gelbe in die Hand. Halten Sie sie vor Ihren Solarplexus.
Sagen Sie laut:
Die Flamme gibt mir neue Kraft und Stärke.
Ich bin dazu in der Lage, mich in der Welt zu behaupten,
mit und auch ohne Partner.

Spüren Sie, wie die Energie Ihre Chakren durchströmt, und sagen Sie laut:
Ich nehme meinen Platz in der Welt an.
So wird es sein. Und so ist es.

Manipulierer und Kontrolleure

Die wichtigsten Fragen zuerst: Wer versucht in Ihrer Partnerschaft zu manipulieren, und wer läßt sich manipulieren? Sind Sie die Tonangebende oder eher diejenige, die für ihn springt? Und sagen Sie jetzt nicht, bei Ihnen würde es so etwas nicht geben. Wenn Ihnen dazu wirklich nichts einfällt, versuchen Sie es doch einfach mit einem Blick in den Spiegel. Spielen Sie nicht auch ab und zu gerne den Tyrann?

Jeder kontrolliert oder manipuliert schon mal gerne, das gehört zur menschlichen Natur. Wenn dieses Verhalten in einer Partnerschaft allerdings nur von einer Seite ausgeht, kann das zu einem Problem werden.

Wenn Sie sich nicht ganz sicher sind, ob das wirklich auch auf Ihre Situation zutrifft, überlegen Sie einmal, wie bekannt Ihnen die folgenden Situationen vorkommen.

- Er kommentiert ständig Ihr Aussehen. Außerdem schlägt er Ihnen vor, Sie dabei zu unterstützen, so auszusehen, wie es ihm gefällt.
- Wenn Sie mit Freunden verabredet sind oder seine Familie besuchen, sagt er Ihnen, was Sie anziehen sollen. (Er macht das, ohne daß Sie ihn um seine Meinung gebeten hätten.)
- Er bestellt im Restaurant für Sie.
- Er sagt Ihnen, Sie sollten ab- oder zunehmen.
- Er besteht darauf, daß Sie Ihren Zeitplan nach ihm richten.
- Er kritisiert ständig die Art und Weise, wie Sie etwas machen.
- Er trifft wichtige Entscheidungen, ohne Sie nach Ihrer Meinung zu fragen.
- Er wirft Ihnen vor, Sie würden hinter seinem Rücken in seinen Sachen herumschnüffeln.
- Je selbstbewußter und unabhängiger Sie werden, desto mehr klammert er sich an Sie.
- Er läßt Sie durch andere überprüfen.
- Er hat die absolute Kontrolle über Ihre Finanzen.
- Er entscheidet, über welche Probleme Sie miteinander reden.

Wenn Sie »er« durch »ich« ersetzen können, sollten Sie zur Abwechslung mal Ihrem Gefährten das Ruder überlassen.
Manipulierer sind nicht so leicht zu durchschauen. Sie geben einem das Gefühl, daß man derjenige ist, der kontrolliert: Ihre Waffe ist das Schuldgefühl. Manipulieren bedeutet *nicht*, wie manche Menschen glauben, eine direkte Frage zu stellen und ein Ja als Antwort zu erwarten. Es bedeutet, einen Wunsch so zu formulieren, daß er nicht mehr als Wunsch erkennbar ist.

Wenn Ihr Partner zum Beispiel in der Karibik Urlaub machen möchte, aber genau weiß, daß Sie sich aufs Skifahren gefreut haben, wird er sagen:
- Ich fände es wirklich toll, wenn wir diesen Winter in die Sonne fahren würden.

- Sieh mal dieses Foto von der Dominikanischen Republik. Weißt du, du hast in der letzten Zeit ein wenig kränklich ausgesehen. Sonne ist da genau das Richtige. Deine Mutter ist übrigens auch der Meinung, daß dir das sehr gut tun würde. Warum fahren wir nicht dorthin?

Der Manipulierer setzt sich mit seinen Vorstellungen durch, indem er sein Gegenüber davon überzeugt, daß es eigentlich seine sind. Egal, ob das so ist oder nicht.

Die passiv-aggressiven Typen unter den Manipulierern sind noch schlimmer; sie handeln erst gar nicht und überlassen einem alles – sie behalten sich allerdings immer das letzte Wort vor.

Aller Wahrscheinlichkeit nach ist Ihnen so etwas nicht fremd. Das sollten Sie in Zukunft in einer solchen Situation tun: Sprechen Sie Ihren Partner darauf an, und versuchen Sie, dieses Problem gemeinsam zu lösen, oder verabschieden Sie sich von ihm. Wir meinen das ernst; Sie müssen bereit sein, ihn gehen zu lassen, sonst wird sich nichts ändern.

Ihre Beziehung hat eher etwas von einem Machtspiel und nicht sehr viel mit Liebe zu tun. Durch diesen Kampf wird Ihre psychische Energie negativ beeinflußt, deshalb sollten Sie sie reinigen, bevor Sie in Aktion treten.

Befreien Sie sich von seiner Macht

Entzünden Sie an einem beliebigen Tag bei abnehmendem Mond eine gelbe Kerze und stellen Sie eine Schale mit Meersalz davor.

Halten Sie Räucherstäbchen und ein Glas Wasser in Reichweite.

Führen Sie eine Hand über und durch die Flamme (wenn Sie das schnell machen, werden Sie sich nicht verbrennen).

Reiben Sie die Hände anschließend mit dem Salz ein.

Entzünden Sie das Räucherstäbchen und reinigen Sie Ihr Solarplexus-Chakra (und alles, was Sie sonst möchten) mit dem Rauch. Trinken Sie das Wasser.

Sprechen Sie laut:
> *Mit Hilfe der Flamme reinige ich dieses Band der Liebe*
> *und befreie mich von seiner Macht.*
> *Mit Hilfe des Salzes werde ich geheilt*
> *und werde erfahren, ob seine Liebe wahrhaftig ist.*
> *Rauch und Luft werden meine negativen Gedanken*
> *vertreiben.*
> *Dieses Wasser wird meinen Körper reinigen und mir dabei*
> *helfen, die Wahrheit zu sehen und keine Angst zu haben.*

Bedecken Sie Ihren Solarplexus mit beiden Händen. Atmen Sie in ihn hinein und anschließend heftig aus. Spüren Sie dem nach, was Sie fühlen: Haben Sie Angst? Sind Sie entspannt? Fühlen Sie sich wie neugeboren? Voller Hoffnung?

Vielleicht wird Ihnen durch diese Übung etwas übel. Das bedeutet, daß sich Ihr Kraft-Zentrum neu aufbaut. Erlauben Sie sich, ein paar Tage lang eine Auszeit zu nehmen.

Wenn der Reinigungsprozeß dann abgeschlossen ist, werden Sie in der Lage sein, sich voller Energie mit Ihrem Partner auseinanderzusetzen.

Die Auseinandersetzung mit dem Partner

Machen Sie sich eine Liste mit Beispielen und Argumenten, die Sie vorbringen wollen. Dadurch können Sie zwei Dinge erreichen: Erstens wird sie Sie daran erinnern, warum Sie das tun, und zweitens wird er dadurch, daß Sie gut vorbereitet sind, nicht in der Lage sein, die Gesprächsführung zu übernehmen und Sie mit seinen üblichen Methoden verwirren. Schreiben Sie diese Liste in einer neutralen Umgebung oder in Ihrem Zimmer.

Wenn Sie sie in Räumen anfertigen, in denen er sich vornehmlich aufhält, wäre seine psychische Energie dort zu stark.

1. Teil: Machen Sie sich Mut

Entzünden Sie an einem Dienstag bei zunehmendem Mond eine leuchtend gelbe Kerze. Umgeben Sie sich mit Dingen, die Ihnen ein positives Gefühl von sich selbst geben, wie etwa Ihre Visitenkarte, kleine Geschenke von Freunden, Muscheln oder Steine, die Sie gesammelt haben, Medaillen oder Urkunden, die Sie erhalten haben. Sie sollten mindestens vier dieser Dinge um sich herum verteilen. Setzen Sie sich vor die Kerze und atmen Sie in die Energie der Flamme (nicht direkt in die Flamme).

Schließen Sie die Augen, und stellen Sie sich vor, wie Sie mit Klarheit und viel Gefühl die Dinge sagen, die auf der Liste stehen. Konzentrieren Sie sich darauf, wie Ihr Partner Ihnen zuhört und das respektiert, was Sie sagen. Sie wissen, daß er Sie versteht.

2. Teil: Das Gespräch

Wählen Sie dafür einen Freitag, an dem Sie beide viel Zeit haben und nicht durch irgend etwas anderes abgelenkt werden. Bestehen Sie auf diesen Termin. Wenn Sie beide es sich bequem gemacht haben, sagen Sie ihm, Sie würden sich ernsthaft um Ihre Beziehung sorgen. Machen Sie ihm klar, daß er Ihnen zuhören muß oder Sie beide sonst in große Schwierigkeiten kommen.

Sie sollten etwas Gelbes tragen, nach Möglichkeit etwas aus Seide. Sie könnten auch Ihren Solarplexus mit einen Anhänger aus Achat (Jaspis oder Marmor sind auch gut) stärken. (Wir befestigen ihn immer am Büstenhalter.)

Umgeben Sie sich mit weißem Licht, und beginnen Sie dann das Gespräch. Sagen Sie ihm wirklich alles, aber achten Sie darauf, daß Sie aus dem Herzen sprechen. Versuchen Sie, ihm keine Vorwürfe zu machen. Sie haben sich schließlich bisher mit seiner Art einverstanden erklärt. Wahrscheinlich ist er sich nicht bewußt, daß er Sie verletzt. Ihre Ausführungen könnten für ihn eine Überraschung sein.

Vielleicht regt er sich ja auch sehr auf. Schließlich hört sich niemand gerne Kritik an und gibt seine Macht preis.

Warten Sie einige Tage, bis sich die Dinge etwas gesetzt haben, und beobachten Sie, ob es bei ihm Anzeichen von Veränderung gibt. Dann können Sie sich gemeinsam auf den mühsamen Weg machen, eine neue Verbindung zwischen Ihnen beiden herzustellen oder die Verbindung aufzulösen. Die Entscheidung liegt an diesem Punkt bei Ihnen. (Wenn er sich unfähig zeigen sollte, die Probleme anzugehen, würden wir Ihnen raten, in diesem Kapitel unter »Trennungs-Zauber« nachzulesen.)

Wenn sich das Machtverhältnis in Ihrer Beziehung derart zum Negativen entwickelt hat, daß er Sie gefühlsmäßig oder körperlich mißbraucht, machen Sie sich nicht die Mühe, mit ihm darüber zu reden. Entweder akzepiert er dann Hilfe von außen, oder sie sollten ihn verlassen. Eine Verzauberung ist in einer solchen Situation auf jeden Fall fehl am Platz und nutzlos.

Wenn Sie die Zügel in der Hand haben

Wenn Sie diejenige sind, die versucht zu dominieren, sollten Sie sich darum bemühen zu verstehen, warum Sie sich so verhalten. Es ist nahezu unmöglich, das allein herauszufinden. (Sie können schließlich nicht sich selbst gegenüber objektiv sein.) Wenn Sie wirklich den Mut dazu haben, können Sie Ihren Partner bitten, Sie dabei zu unterstützen.

Schwierig wird es in dem Moment, wo Ihr Partner Sie bittet, sich mit ihm hinzusetzen, und er *Ihnen* eine Liste mit Beispielen vorlegt. Dann haben Sie ein Problem.

Heiße Köpfe, kalte Herzen:

Wie Sie Ärger umgehen

Bringen Sie Ihren Ärger auf eine produktive Weise zum Ausdruck? Wenn Sie das herausfinden möchten, sollten Sie die folgenden Fragen beantworten.

Ärger-Quiz

1. Zum hundertsten Mal sammeln Sie im Schlafzimmer seine Unterwäsche vom Fußboden auf. Er steigt über Sie, um nach seiner Aktentasche zu greifen.
a) Sie beißen ihm in den Knöchel.
b) Sie sagen »Entschuldige« und gehen ihm aus dem Weg.
c) Sie werfen ihm die Unterwäsche ins Gesicht und sagen: »He, du hast was vergessen. Übrigens bekomme ich für die letzten zwei Wochen noch 75 Mark Putzfrauenlohn.«

2. Sie sehen, wie er auf einer Party eine üppige Rothaarige küßt.
a) Sie schütten der Rothaarigen Ihren Drink über den Kopf und hauen ihm eine runter.
b) Sie sagen gar nichts, sondern schließen sich im Badezimmer ein und weinen.
c) Als er von ihr abläßt, stellen Sie ihn zur Rede. Sie verlassen das Fest mit ihm oder ohne ihn.

3. Sie fahren ihn im Auto zum Bahnhof. Auf dem Weg dahin kritisiert er ständig Ihre Art zu fahren und tritt auf eine imaginäre Bremse.
a) Sie tun so, als würden Sie gegen einen Baum fahren, um ihn zum Schweigen zu bringen.

---

b) Sie versuchen, seine Anweisungen zu befolgen und murmeln: »Tut mir leid.«

c) Sie halten an und sagen ihm, daß er auch gerne zu Fuß gehen kann, wenn er nicht endlich den Mund hält.

Wenn Sie auf die meisten Fragen mit *a* geantwortet haben, besitzen Sie Serienkiller-Qualitäten. Sie sollten vielleicht auf Kickboxen umsteigen und darauf verzichten, Ihren Partner tätlich anzugreifen. Die *b*-Antworten weisen darauf hin, daß Sie auf dem besten Weg sind, eine Märtyrerin zu werden. Glauben Sie aber ja nicht, daß Sie in Ihrem tiefsten Innern nicht auch wütend wären – Sie haben lediglich Angst vor einer Auseinandersetzung. Haben Sie meist mit *c* geantwortet, bedeutet das, daß Sie genau wissen, worüber Sie sich ärgern, und ihm das auch auf sehr konstruktive Weise vermitteln können.

Ärger kommt in jeder Beziehung vor. Es ist nicht sinnvoll, zu versuchen, ihn zu vermeiden, das führt nur zu noch mehr Problemen. Ärger ist ein leidenschaftliches Gefühl, und er ist ein natürlicher und reinigender Prozeß für das Basis- und das Solarplexus-Chakra.

Sie sollten in eine Auseinandersetzung mit Ihrem Partner wenn möglich etwas Herz-Energie schicken, um den Ärger ein wenig zu mindern und Ihr Gegenüber nicht vollkommen fertigzumachen.

Wenn Sie explodiert sind oder auf andere Weise Ihrem Ärger Luft gemacht haben, atmen Sie tief durch, lassen Sie Ihre Energie los, und fühlen Sie, wie Ihre Füße fest auf dem Boden stehen. Spüren Sie der Leidenschaft in Ihrem Basis- und Herz-Chakra nach, und atmen Sie weiterhin tief ein und aus. Vielleicht gehören Sie zu den Menschen, die während und nach einem Wutanfall sehr hart und unnahbar werden: Denken Sie daran, Ärger loszulassen bedeutet nicht, schwach zu sein und aufzugeben.

Stellen Sie sich vor, bei ihm und bei Ihnen das dritte Energiezentrum zu reinigen. Lassen Sie Ihr Herz sprechen. Berühren Sie ihn nicht unvermittelt, sondern fangen Sie gemeinsam damit an, Ihre Herz-Chakren zu verbinden.

Das gibt ihm die Möglichkeit, Ihren Ärger aufzunehmen, ihn zu verdauen und darauf zu antworten – wenn er soweit ist. Alles, was Sie tun müssen, ist, für seine Reaktion offen zu sein.

Wenn er derjenige ist, der explodiert, machen Sie sich bewußt, daß er dadurch lediglich seine Chakren reinigt, und nehmen Sie es nicht persönlich. Lassen Sie nicht zu, daß sein Ärger ein Teil Ihrer Gefühle wird. Wenn er in die Luft geht, können Sie sich davor schützen, indem Sie Ihren Solarplexus mit den Armen verdecken und ihm durch Ihr Herz-Chakra Energie schicken. Atmen Sie weiterhin tief ein und aus – das wird seinen Ausbruch für Sie leichter machen und ihn beruhigen.

Wenn bei beiden die Sicherungen durchbrennen

Wenn Sie beide an einem Punkt sind, wo Sie sich nur noch anschreien, ist es sehr schwierig, Zauberkraft in irgendeiner Form wirken zu lassen. Ihre Verbindungen sind sozusagen »heißgelaufen«, und es wird vielleicht sehr viel Mühe kosten, daß sich Ihre Herzen wieder finden.

Das sollten Sie dann tun:

Versuchen Sie zunächst einmal herauszufinden, was Sie so böse macht. Schauen Sie dabei genau hin – wie oft ist es so, daß Sie Ihrem Ärger Luft machen und eigentlich nicht wissen, was Sie wütend macht? Sie können auch darüber meditieren. (Siehe die Meditationsübungen ab Seite 213.)

Kommen Sie nach ein oder zwei Tagen auf das Thema

zurück und sehen Sie, ob es klarer für Sie geworden ist. Verbinden Sie zunächst Ihre Chakren mit seinen, und sprechen Sie dann aus dem Herzen.

Wenn Ihre Wutausbrüche inzwischen zum Alltag gehören, reden Sie darüber, wenn Sie sich einigermaßen ruhig fühlen. Sie können immer wieder die Übungen machen, die Ihre Beziehung stärken, wenn Sie das Gefühl haben, daß Ihre Verbindung schwächer geworden ist.

Einige Menschen scheinen einen Streit zu brauchen, um daraus dann Leidenschaft entstehen zu lassen. Es ist sehr schön, sich nach einem Streit wieder zu versöhnen, und Sex ist dann meistens sehr intensiv. Man sollte sich allerdings nicht an dieses Muster gewöhnen. Es ist doch mehr als Wut nötig, um eine gute Beziehung zu führen.

Anmerkung: Chronischer Ärger kann auch ein Hinweis auf eine Depression sein.

Wie kann ich ohne dich leben? – Trennungsängste

Es gibt unterschiedliche Formen der Trennung. Einige sind angenehm, andere nicht. Die Bandbreite reicht von der mehrtägigen Geschäftsreise bis zur Scheidung vor Gericht.

Wenn Sie von Ihrem Partner getrennt sind, bedeutet das – unabhängig von der Dauer der Trennung –, daß Sie eine andere psychische Energie besitzen als in der Zeit, in der Sie mit ihm zusammen sind. Menschen, die Tag für Tag in Kontakt stehen, beginnen, sich energetisch miteinander zu verweben. Wenn Ihr Partner einmal nicht da ist, werden Sie sich vielleicht merkwürdig unvollständig fühlen.

Viele Menschen haben das Gefühl, daß zeitweilige Trennungen die Beziehung bedrohen würden. Ein Mangel an Vertrauen verstärkt dieses Gefühl und macht das erneute Zusammenfinden noch schwieriger. Manche Paare streiten sich auch vor oder nach einer Trennung. Sie bringen damit zum Ausdruck, wie sehr sie die Trennung ablehnen, und schaffen sich eine Möglichkeit, sich zu versöhnen und zu liebkosen. Diese Methode ist nicht sonderlich effektiv und kostet eine Menge Zeit, um dahin zu kommen, wo man eigentlich hin will.

Um den Trennungsschmerz erträglicher zu machen, kann man den Partner um einen Talisman oder ein Andenken bitten. Lassen Sie bei einem Juwelier ein Kristall in zwei Hälften schneiden, oder tauschen Sie einfach mit Ihrem Partner persönliche Dinge (nicht die Eheringe) wie jeweils einen Ohrring oder Manschettenknopf aus.

Sie können auch Düfte austauschen. Vielleicht weckt ein Kleidungsstück, das er getragen hat, besondere Erinnerungen bei Ihnen. Der Duft eines Ihrer Seidenschals wird bei ihm ein ähnliches Gefühl auslösen.

Sie können dem abwesenden Partner auch Herz-Energie schicken. Wenn Sie allerdings sehr deprimiert sind, sollten Sie sich zunächst reinigen und tief ein- und ausatmen. (Siehe auch die Übung zur »Umhüllung mit der weiblichen energetischen Aura«, S. 120.) Wenn Sie dann soweit sind, nehmen Sie das, was Sie von Ihrem Partner bekommen haben, in die Hand, und denken Sie durch Ihr Herz-Chakra ganz fest an ihn. Schicken Sie ihm aus Ihrem Dritten Auge eine Botschaft wie »Ich würde gerne heute abend von dir hören«. Sie sollten dabei nicht das Gefühl haben, daß Ihr Wunsch unbedingt in Erfüllung gehen muß. Es geht hier um keinen Test.

Basis-Energie können Sie am besten verschicken, wenn Sie mit dem Partner telefonieren. Die Kraft Ihrer Stimme und der Rhythmus Ihres Wurzelzentrums werden seine sexuellen Wünsche an Sie binden. Wenn Sie ihm mehr nach dem Zufallsprinzip Basis-Energie schicken, kann es sein, daß Sie seine Libido steigern, wenn er in Begleitung einer anderen Person ist – vielleicht nicht gerade die beste Idee, es sei denn, Sie wollen ihn loswerden.

Noch eine kurze Anmerkung zur Kehrseite von Trennungen: Es gibt nichts, was eine Beziehung stärker anregt als Neues, das in sie hineingetragen wird. Außerdem haben Sie durch eine Trennung die Gelegenheit, sich selbst besser kennenzulernen. Gut funktionierende Beziehungen werden durch Trennnungsphasen gefestigt und erhalten einen neuen Kick. Überlassen Sie ihm also einen Ihrer duftenden Schals, vereinbaren Sie einige gemeinsame Telefonate, und verabschieden Sie sich mit einem fröhlichen Lächeln von ihm.

Dann sollten Sie sich entspannen und den neugewonnenen Freiraum genießen.

Der Willkommen-zu-Hause-Zauber

Hildas Begrüßungsritual

Hildas langjähriger Partner, mit dem sie zusammenlebte, kehrte von einer vierwöchigen Geschäftsreise zurück. Hilda war daran gewöhnt, daß er drei oder vier Tage weg war. Diese Reise war allerdings übermäßig lang. Sie hatten in dieser Zeit ein paar Mal miteinander telefoniert. Trotzdem fühlte Hilda sich, als sie sich fertig machte, um ihn am Flughafen abzuholen, als würde sie zu ihrer ersten Verabredung gehen. Sie ließ die Energie ihrer Göttin in sich aufsteigen und entfaltete ihre weibliche energetische Aura voller Vorfreude.

Harry kam an und gab ihr, während sie beide auf den Ausgang zusteuerten, einen flüchtigen und ungeschickten Kuß. Hilda bemerkte sein etwas schroffes Verhalten, sie erinnerte sich allerdings daran, daß diese scheue Art typisch für ihn war. Sie folgte ihm, bis er bemerkte, daß er nicht wußte, wo das Auto stand. Er drehte sich amüsiert um. Sie lachten beide und umarmten sich.

Als sie nach Hause kamen, schlug sie ihm vor zu duschen. Harry hatte sich nämlich entschieden, gegen seinen Jetlag anzukämpfen und bis zum Abend wach zu bleiben.

Anschließend beförderte sie ihn nach draußen. Sie wollte die Elemente der Natur nutzen, um die gemeinsame Verbindung wieder zu aktivieren.

Sie spazierten bis zu einem Fluß in der Nähe ihres Hauses. Hilda bemerkte, wie schön es war, draußen zu sein. Sie ließen sich am Ufer nieder und genoßen den Anblick des fließenden Stroms. Als die Sonne unterging, strich eine leichte Brise über ihr Gesicht.

Harry fing an, mit ihren Haaren zu spielen und schlug vor, nach Hause zu gehen. Hilda wiederholte das Natur-Thema in der Wohnung mit Kerzen, Blumen, Sekt, Weintrauben und geräuchertem Lachs. Sie erhoben die Gläser und prosteten einander zu. Sie aßen ein wenig und gingen dann hinüber ins Schlafzimmer. Hilda zog den Vorhang nicht zu, um auf den nächtlichen Himmel blicken zu können. Dann schliefen sie miteinander und verwoben bewußt ihre Energien von neuem. Ende gut, alles gut.

Zurückkommen und die Verbindung wiederherstellen

Auch Sie können auf sanfte und leichte Weise nach einer Trennungsphase erneut die Verbindung zu Ihrem Partner herstellen. Beginnen Sie einfach mit der Erzeugung Ihrer Aura, und nutzen Sie die Elemente, um Ihren gemeinsamen Rhythmus wiederzufinden.

Denken Sie daran, Sie haben sich beide durch die Trennung verändert. Das ist nicht grundsätzlich negativ. Atmen Sie in einem nach Möglichkeit ruhigen Moment tief ein und aus, und schicken Sie Ihre Energie in seine Chakren, beginnen Sie dabei mit dem Basis-Chakra. Verbinden Sie die Chakren ganz sanft miteinander. Strengen Sie sich nicht zu sehr an, bleiben Sie weich und fließend in der Bewegung. Wenn Sie dabei Ihr Herz öffnen, werden Sie noch mehr Wirkung spüren. Sie können diese Übung auch mit ihm zusammen machen: Einer atmet zunächst nacheinander in die Chakren des anderen, dann ist der andere an der Reihe. Das muß nicht sehr lange dauern oder besonders kunstvoll ausgeführt werden.

Sie können auch folgende Übung zusammen machen: Legen Sie seine Hand auf Ihr Herz-Chakra und Ihre auf seines. Atmen Sie einfach zusammen, und schweigen Sie.

Nicht alle Männer mögen derartige Übungen. Sie können auch Hildas Beispiel folgen und nur für sich allein die Verbindung wiederherstellen.

Im folgenden nun einige Vorschläge, wie Sie beide mit Hilfe der Elemente erneut in Verbindung treten können.

Feuer
Entzünden Sie Kerzen
Sehen Sie sich den Sonnenuntergang an
Setzen Sie sich vor ein Kaminfeuer
Grillen Sie zusammen

Erde
Gehen Sie in der Natur spazieren
Pflanzen Sie etwas
Essen Sie zusammen
Tauschen Sie Andenken aus

Luft
Sagen Sie »Ich liebe dich«
Entzünden Sie Räucherstäbchen
Betrachten Sie den Sternenhimmel
Reden Sie miteinander

Wasser
Baden oder duschen Sie gemeinsam
Trinken Sie etwas zusammen

Spazieren Sie an einem Gewässer entlang
Gießen Sie die Pflanzen in Ihrem Garten

Flauten beim Sex

Die meisten Menschen sind beunruhigt, wenn sie feststellen,
daß in ihrer Partnerschaft sexuell nicht mehr viel passiert. Sie
fragen sich dann häufig, ob etwas in ihrer Beziehung falsch
läuft. Meistens ist das aber nicht der Fall, sondern es handelt
sich lediglich um eine Phase.

Machen Sie in einer solchen Zeit nicht den Fehler, sich an
den Partner zu klammern. Sie könnten ihn sonst mit Ihren Bedürfnissen ersticken und ihn unruhig machen; ein einfacher
Durchhänger würde so zu einem richtigen Problem werden.

Denken Sie daran, daß Männer ebenfalls von Zyklen bestimmt sind. Es hängt also nicht allein von Ihnen ab, wie sich
die Beziehung gestaltet. Phasen von Nähe und Distanz wechseln einander ab – das macht die Sache so spannend. Nutzen
Sie Ihre Zauberkünste, um ihn zu verführen und ihn wieder auf
Touren zu bringen. Konzentrieren Sie sich anschließend auf Ihr
Basis- und Ihr Herz-Chakra, und schicken Sie ihm Energie. Verteilen Sie in der Wohnung feminine Utensilien, wie Blumen zum
Beispiel, oder zünden Sie Kerzen an. Stellen Sie sich vor, Sie
wären eine mächtige und fürsorgliche Kaiserin.

Wie schaffe ich es,
daß er sich wieder für mich interessiert?

Kleine Geheimnisse sind der Garant für eine gute Beziehung.
Wenn Sie sein Interesse an Ihnen wecken wollen und umgekehrt, probieren Sie einmal einige der folgenden Vorschläge
aus.

- Lassen Sie ihn von Zeit zu Zeit einmal allein – seien Sie nicht ständig in seiner Nähe. Verabreden Sie sich mit Freunden. Lassen Sie ihm seine eigenen Freiräume.
- Zeigen Sie sich von Ihrer besten Seite. Achten Sie darauf, daß er Sie nicht in alter Unterwäsche oder schmuddeligen Sachen sieht.
- Sorgen Sie für Gelegenheiten, bei denen Sie sich ein wenig in Szene setzen können. Umhüllen Sie sich mit einem Handtuch so, daß Ihr nackter Rücken zu sehen ist – das sieht oft sehr toll aus. Wenn Sie Ihre Haare ins Gesicht fallen lassen und durch sie hindurch sehen, kann das ebenfalls sehr verführerisch wirken.
- Zeigen Sie ihm mit flüchtigen und aufreizenden Gesten, wie attraktiv Sie sind. Tragen Sie Schuhe mit hohen Absätzen, Corsagen, Strümpfe, selbst (oder gerade) dann, wenn Sie nichts Besonderes machen.
- Konzentrieren Sie sich auf andere Dinge. Beschäftigen Sie sich wirklich ernsthaft mit etwas anderem, aber bleiben Sie in demselben Zimmer wie er. Legen Sie, während Sie lesen, Ihre gepflegten nackten Füße auf die Couch.

Wenn Ihnen solche kleinen Verführungsspielchen wirklich unangenehm sind, kann das damit zu tun haben, daß Sie sich unattraktiv fühlen und keine Verbindung zu Ihrer Weiblichkeit haben. Wenn das der Fall sein sollte, gehen Sie noch einmal zurück zur Seite 145 und machen Sie die Übung »Zaubern Sie Ihre Schönheit hervor«.

Wie werde ich meine Ex-Lover los?

Wenn Sie mit jemandem schlafen, gehen Sie mit dieser Person eine energetische Verbindung ein, die eine gewisse Zeit andauert, egal, ob dieser jemand in Ihrem Leben weiterhin eine Rolle spielt oder nicht. Ob One-night-stand oder dauerhafte Beziehung, diese Person hat eine Verbindung zu Ihnen. Wenn Sie eine Menge Liebhaber hatten, bedeutet das, daß Sie ganz schön viele Altlasten mit sich herumschleppen.

Dazu gibt es mehr zu sagen: Wenn Sie häufiger Ihre Partner wechseln und gleichzeitig den Eindruck haben, daß Sex für Sie eher mechanisch geworden ist, könnte es sein, daß Sie versuchen, durch die zahlreichen Affären Ihr Bedürfnis nach Liebe und Anerkennung zu stillen. Versuchen Sie, sich selbst gegenüber kritisch zu sein, und fragen Sie sich, wer es überhaupt verdient, von Ihnen verzaubert zu werden.

Vielleicht möchten Sie sich jetzt, wo Sie wissen, was für eine Last Sie mit sich herumtragen, von ihr befreien.

Übung, um frühere sexuelle Verbindungen zu lösen

Wiederholen Sie diese Übung bei abnehmendem Mond über mehrere Tage hinweg. (Sie müssen nicht genau festlegen, welche Verbindungen Sie lösen wollen.)

Machen Sie sie an einem Montag für die heimlichen Verbindungen.

An einem Freitag für Liebesverbindungen.

An einem Samstag, um die restlichen verbleibenden Blockaden zu lösen.

1. Zünden Sie eine weiße Kerze an und stellen Sie eine Schüssel mit Wasser vor sich. Konzentrieren Sie sich auf Ihr Basis-Chakra und dann auf jedes andere Chakra, bei dem Sie das Gefühl haben, Sie sollten sich darauf konzentrieren – meistens handelt es sich dabei um das dritte und vierte Energiezentrum.

2. Nehmen Sie eine Rolle weißen Zwirn. Halten Sie sie vor jedes Chakra, das gereinigt werden soll (auf jeden Fall vor das Basis-Chakra). Spulen Sie etwas Zwirn von der Rolle und reißen Sie ihn ab.

3. Sagen Sie laut:
   Ich lasse all die Verbindungen los,
   die ich nicht mehr brauche.
   (Wenn Sie möchten, können Sie auch bestimmte Situationen
   oder Menschen an dieser Stelle benennen.)

4. Wenn Sie fertig sind, verbrennen Sie den Zwirn.

5. Reinigen Sie sich und das Zimmer mit Räucherstäbchen.
   Atmen Sie in jedes einzelne Ihrer Chakren, um sie so wieder
   mit sich selbst verbinden zu können.

Psychische Nebeneffekte: Zu diesem Heilungsprozeß gehört,
daß eine der betroffenen Personen (oder jemand, der ihr
ähnelt) wieder in Ihrem Leben in Erscheinung treten könnte.
Das macht Sie vielleicht traurig. Seien Sie sich aber dessen bewußt, daß dies alles ein Teil des Heilungsprozesses ist. (Diese
Übung kann auch bestehende Beziehungen lösen und Ihnen
das Gefühl geben, frei und offen für eine neue zu sein.)

Trennungs-Zauberei

Bevor Sie sich von jemandem trennen, machen Sie die vorher-
gehende Übung und lassen Sie dabei den Schritt vier aus. Legen
Sie den auseinandergerissenen Zwirn in die Nähe der Kerze,
bis Sie sich wirklich getrennt haben. Entzünden Sie dann in
einer Samstag nacht die Kerze, wiederholen Sie den Spruch,
verbrennen Sie den Zwirn, und reinigen Sie sich selbst.

Untreue, umherstreunende Gefährten

Wir sind der Meinung, daß in unserer Kultur zuviel Geschrei um das Thema Untreue gemacht wird. Zum einen ist das so, weil der Zweisamkeit zuviel Bedeutung beigemessen wird, und zum anderen, weil ein natürliches menschliches Verhalten als etwas Unnatürliches angesehen wird.

Der Mensch sei nicht dazu geschaffen, sich für die Ewigkeit zu binden, müssen wir uns ständig anhören – die Scheidungsrate belegt das sehr deutlich. Trotzdem sollen wir genau das tun.

Treu sein heißt, eine aufrichtige Beziehung zu führen und nicht nur, sich körperlich auf einen Menschen einzulassen. Das kann aber durchaus die Folge einer erfüllten Partnerschaft sein.

Auch wenn Sie vielleicht anderer Meinung sein werden, Männer verhalten sich anders als Frauen. Männer verfügen über eine Art Radarschaltung, die immer dann zu blinken beginnt, sobald sich ihnen eine attraktive Frau nähert. Es spielt keine Rolle, ob sie mit dem Abbild von Nicole Kidman verheiratet sind. Sie lieben es, Frauen nachzustarren – und offen gesagt, wir lieben es, bewundert zu werden. Frauen reicht die »Anstarr-Phase« normalerweise aus. Männer gehen oft weiter.

Selbst wenn Sie die glücklichste Beziehung der Welt führen, könnten Sie einmal mit Untreue konfrontiert werden. Keine Panik. Sie sind mit dieser Erfahrung nicht allein auf der Welt. Außerdem gibt es viele verschiedene Möglichkeiten, damit umzugehen.

Irrungen und Wirrungen

Wenn Sie Ihren Partner zufällig beim Fremdgehen erwischen sollten, atmen Sie tief durch, bevor Sie darauf reagieren. Vielleicht war es ja nur eine kurze Verirrung – ein Strohfeuer, ein Abenteuer für eine Nacht, ein Quickie. Männer sind neugierig.

Und manchmal haben sie eine besondere Antenne dafür, sich Ärger einzuhandeln.

Kleine Fehltritte wie ein One-night-stand während einer Geschäftsreise oder eine kurze Liebschaft kommen vor. Natürlich sind Sie dann verletzt. Vielleicht werden Sie wütend und zerschlagen ein paar Teller (bitte nicht auf seinem Kopf). Beruhigen Sie sich wieder und überlegen Sie, wie Sie mit dieser Sache umgehen können.

Wenn Sie ihm verzeihen – und das werden Sie als weise Frau tun –, kann das Ihre Beziehung verbessern. Er wird Ihnen für Ihr Verständnis sehr dankbar sein (Sie haben unsere Erlaubnis, seine Dankbarkeit ein wenig auszunutzen, wenn Sie möchten). Vielleicht werden Sie auch feststellen, daß Ihr Sexleben an Qualität gewinnt – Ihre Leidenschaft und Ihr Interesse an ihm werden größer. Ihre Verbindung hat eine kleine Irritiation erfahren, aber überlebt.

Allerdings wird selbst bei einer kurzen Liebschaft Ihr Vertrauen einen Knacks bekommen haben. Sie werden wahrscheinlich feststellen, daß es eine Weile dauert, bis Sie es wieder aufgebaut haben. Das ist normal. Folgen Sie Ihrem Gefühl, und denken Sie daran, daß Beziehungskrisen, wenn man sie nutzt, um sich über Bedürfnisse und Gefühle auszutauschen, eine Partnerschaft sogar bereichern können.

Affären – Der große Horror

Wir definieren eine Affäre als längerfristige (länger als drei Monate dauernde) Beziehung mit jemand anderem als Ihnen. Sie ist ein Warnsignal dafür, daß etwas im Zusammenleben mit dem Partner schiefläuft. Das sollten Sie auf keinen Fall auf die leichte Schulter nehmen.

Eine Affäre kann der Anfang für eine Verbesserung der Beziehung sein oder deren Ende. Sie bedeutet einen so großen Einschnitt, daß Sie unbedingt darüber sprechen müssen. Das

Schlimmste in einer solchen Situation ist, nichts zu tun. Die Probleme mögen vielleicht oberflächlich nicht mehr sichtbar sein, aber sie sind nicht weg.

Wenn Sie diese Affäre vollkommen zerstört, finden Sie zunächst heraus, wieviel Zeit und Energie Sie darauf verwendet haben, mit dem Partner »ein Paar« zu bilden. Besitzen Sie eine Identität jenseits der Partnerschaft? Wenn das nicht der Fall sein sollte, machen Sie etwas aus sich. Wie Sie das am besten anstellen, können Sie in den ersten drei Kapiteln nachlesen. Beobachten Sie, wie andere Menschen (einschließlich ihm) darauf reagieren.

Es ist zwar natürlich, die eigene Verantwortung für etwas auf andere abzuschieben, versuchen Sie aber trotzdem, sich nicht auf »die andere Frau« zu konzentrieren. Mordgedanken sind alles andere als sinnvoll, und *sie* ist wirklich nicht das Problem.

Also, was können Sie tun?

Toben und rasen Sie vor Wut, schreien Sie und zeigen Sie ihm, was er Ihnen bedeutet, wie verletzt Sie sind. Seien Sie eine wahnsinnige, wütende Sirene. Vermeiden Sie die heulende Märtyrerin, das sich an ihn klammernde Bitte-verlaß-mich-nicht-Weibchen. Sie werden sich so besser fühlen und ihm wahrscheinlich einen ordentlichen Schrecken einjagen. Machen Sie ihm nur nicht vor den Kindern eine Szene.

Wenn das Gewitter einmal vorbei ist, setzen Sie sich zusammen und sprechen Sie miteinander. Denken Sie daran, die Tatsache, daß er eine Affäre hatte, bedeutet nicht, daß er Sie nicht liebt. Über folgende Dinge könnten Sie reden:

a) Wenn es sein muß, fragen Sie nach den Eckdaten (wer, wann, wie). Seien Sie sich aber dessen bewußt, daß das eine Form von Folter ist – nicht für ihn, sondern für Sie selbst. Etwas zu wissen hilft manchmal – obwohl Sie die Affäre in Ihrer Vorstellung wahrscheinlich besser machen werden, als sie war –, aber dadurch streuen Sie auch Salz in die Wunde.

b) Was empfindet er für Ihre gemeinsame Beziehung? (Und falls er sagen sollte: »Nicht mehr sehr viel«, hat er Ihnen eine Menge Ärger erspart; zeigen Sie ihm erfreut die Tür.) Wenn er sagt, daß »sie« ihm das Gefühl gibt, besonders, jung, wichtig etc. zu sein, machen Sie sich klar, daß er ein Problem mit seinem Selbstwertgefühl haben könnte.

c) Wie sieht Ihre Rolle jetzt aus? Sie werden sich zweifellos das anhören, was er zu sagen hat, und sich fragen, wann Sie einen Fehler gemacht haben. Sollten Sie das herausfinden, wunderbar. Wenn Ihnen wirklich etwas daran liegt, an der Beziehung zu arbeiten, würden wir Ihnen empfehlen, sich professionelle Hilfe zu suchen. Wenn Sie das zum jetzigen Zeitpunkt nicht tun, besteht die Gefahr, daß Sie wieder in eine ähnliche Situation geraten.

Unabhängig davon, ob Sie zusammenbleiben oder nicht, würden wir Ihnen auf jeden Fall raten, Hilfe in Anspruch zu nehmen. Selbst wenn Ihre Beziehung zerbrechen sollte, werden Sie wahrscheinlich eine Menge lernen und hoffentlich die Vergangenheit nicht wiederholen.

Wenn sich die Affäre fortsetzt und Sie trotzdem weiterhin mit Ihrem Partner zusammen sind, machen Sie mit den reinigenden Ritualen weiter. Das Wiedervereinigungsritual kann ebenfalls in dieser Phase durchgeführt werden.

Dasselbe gilt, wenn Sie diejenige sind, die fremdgegangen ist. Sie müssen sich entscheiden, wann und wie Sie sich mit dem Partner darüber auseinandersetzen.

Nach dem Sturm

Wenn die Affäre für Sie und ihn beendet ist und Sie sich beide entschieden haben zusammenzubleiben, stellen Sie die Verbindung zwischen sich wieder her.

Das Wiedervereinigungsritual

1. Sie sollten dieses Ritual an einem Freitag bei zunehmendem Mond machen.
2. Duschen Sie gemeinsam, und reinigen Sie sich mit Meersalz.
3. Setzen Sie sich einander gegenüber auf den Boden. Sie können dabei nackt oder angezogen sein.
4. Verbinden Sie Ihre jeweiligen Energiezentren miteinander.
5. Fassen Sie sich an den Händen und schauen Sie einander in die Augen.
6. Sagen Sie sich, was Sie füreinander empfinden, und versichern Sie sich gegenseitig, daß Sie es wieder miteinander versuchen wollen.
7. Entspannen Sie sich anschließend in einer gemütlichen Atmosphäre, nehmen Sie einen Drink, und essen Sie zusammen.

Sehnsucht – ein unliebsamer Nebeneffekt von Liebe und Sex

Sehnsucht ist ein natürliches Gefühl, das sogar herrlich schmerzvoll sein kann. Sehnsucht empfinden vor allem junge Menschen; es fängt damit an, daß man sich zum ersten Mal in einen Rockstar verknallt. Als Erwachsener empfindet man Sehnsucht, wenn der Partner nicht da ist oder wenn man einsam ist.

Wenn Sehnsucht nicht gestillt wird, kann sie leicht außer Kontrolle geraten. Sie ist sehr verführerisch, weil sie so ein bittersüßes Gefühl ist. Sehnsucht zu haben ist wie ein kleines Geheimnis zwischen Ihnen und einer Phantasie, und sie kann all Ihre Energie in Anspruch nehmen. Sie kann Sie sehr unzufrieden machen und Sie dazu bringen, daß Sie sich nach jemandem sehnen, der nicht zu Ihnen paßt oder nicht für Sie erreichbar ist. Das kann zu Besessenheit führen, oder schlimmer noch, Sehnsucht kann so bequem werden (in Liebesaffären, die sich nur im Kopf abspielen, liegt sehr viel weniger Risiko), daß Sie es gar nicht mehr merken, wenn Sie sich richtig verlieben.

Verurteilen Sie sich deswegen nicht; Sehnsucht wird von unserer Gesellschaft gefördert. Frauen werden dazu erzogen, sich ohne jemand anderen unvollständig zu fühlen. Sehnsucht zu haben ist also normal. Versuchen Sie dieses Gefühl zu vermeiden; Sie verlieren sonst zuviel Energie.

Gehen Sie gegen dieses Gefühl an. Sehen Sie sich dazu die ersten drei Kapitel dieses Buches an. Sie können auch ein Ritual zur Förderung der Ganzheit durchführen (siehe Franziskas überwältigende Aura, S. 51). Atmen Sie in Ihre Kraftzentren und aktivieren Sie sie. Rufen Sie die Göttin Isis mit ihren Kräften der Jungfrau, der Frau und der Weisen an.

Weise Worte für das junge Mädchen

Das junge Mädchen stand scheu am Eingang der Hütte. »Komm herein, Kind«, rief ihr die alte Frau zu. »Ich kann dich nicht sehen, wenn du gegen das Sonnenlicht stehst.«

Die junge Frau trat scheu durch die glänzende türkisfarbene Tür. »Großmutter, Mutter sagt, es Zeit sei, zu dir zu kommmen und mit dir zu sprechen. Ich weiß aber nicht, was ich dich fragen soll.«

Die alte Frau blickte auf die sich entwickelnden Körperrundungen des Mädchens, und ein Lächeln huschte über ihr Gesicht. »Ja, es ist Zeit, daß wir miteinander reden. Ich kann dich nämlich nicht länger ›Kind‹ nennen. Komm, reich mir das Garn, während ich webe.«

Das junge Mädchen setzte sich neben den Webstuhl. Durch die rhythmischen Bewegungen der älteren Frau wurde sie ruhiger. Diese warf ihr einen Blick von der Seite zu und begann dann zu sprechen. »Wenn du aus dem Fluß Wasser holst, bleiben viele tapfere junge Männer stehen, um dich anzusprechen. Gibt es irgendeinen dabei, der dir etwas bedeutet?«

Die Jüngere wurde rot. »Also, ich mag den Sohn deiner Tochter sehr gern.«

Die alte Frau nickte zustimmend. »Ein prächtiger Junge.« Ihre Stimme erhielt einen verschwörerischen Unterton, und sie beugte sich näher zu dem Mädchen. »Ich weiß aus zuverlässiger Quelle, daß dieser Junge dich auch sehr gern mag.« Sie lächelte zu dem Mädchen hinunter. »Das ist auch ein Zeichen dafür, daß du dir deiner Stellung als Frau bewußt werden solltest.«

Das Mädchen wurde rot. »Ja, ich habe die Veränderungen in mir gespürt und gemerkt, daß mich die Männer selbst in meiner eigenen Familie nicht länger wie ein Kind behandeln. Aber ich …«

Die alte Frau beugte sich zu dem jungen Mädchen herab und streichelte deren Gesicht. »Deine Schönheit wird nur noch von deiner Schüchternheit übertroffen. Es ist schwer, den schützenden Mantel der Kindheit zu verlassen, vor allem für jemanden, der daran gewöhnt ist, sich hinter anderen zu verstecken. Es wird Zeit für dich, daß du dir deiner eigenen Kräfte bewußt und eine Frau wirst.«

Die alte Frau lehnte sich mit einem in die Ferne gerichteten Blick in ihrem Stuhl zurück. »Ich erinnere mich noch, wie das damals bei mir war. Es war Hochsommer. Ich hatte alle Vorbereitungsrituale gemacht und sagte meiner Mutter, daß ich soweit wäre.

Eines Nachts bei Neumond ging ich hinauf in die Berge, um dort zu meditieren und zu warten. Ich hörte, wie in der Ferne ein Koyote heulte und sah, wie ein Mann aus dem Wald trat. Ich erschrak so sehr, daß die Perlenfransen an meinem Kleid gegeneinanderschlugen. Er nahm ohne ein Wort zu sagen meine Hände. Seine waren warm und sanft.

Ich öffnete mich für ihn, und ich konnte spüren, daß er dasselbe tat.

Er setzte sich hinter mich und begann, leise etwas zu singen. Langsam öffnete er mein Haar. Der Gesang und die Berührung taten mir sehr gut. Als er fertig war, zog ich meine Mokassins aus. Vielleicht erscheint das im Rückblick unsinnig, er verstand aber auf jeden Fall, daß ich ihn als Liebhaber akzeptierte.

Er zog mich vorsichtig aus und streichelte und liebkoste mich dabei. Die ganze Zeit über sang er. Dieser Gesang wurde eins mit meinem Herzschlag. Ich hatte vollkommenes Vertrauen zu ihm. Wir schliefen zweimal miteinander. Einmal langsam und sanft und einmal sehr wild und frei, wie Elche in der Brunftzeit.«

Die Großmutter kicherte. »Ich glaube, er war beim zweiten Mal sehr überrascht. Dann lagen wir uns bis zum Morgengrauen in den Armen. Der Nebel begann, langsam an den hohen Kiefern aufzusteigen. Er frisierte meine Haar so, wie die Frauen es trugen, und steckte eine gesprenkelte Feder hinein. Er verneigte sich vor mir und verschwand im Wald.«

Die junge Frau war vor Ehrfurcht ganz benommen, und es dauerte eine Weile, bis sie fragte: »Hast du ihn jemals wiedergesehen?«

»Ja und nein, er war mit Sicherheit ein Mann aus dem Dorf. Aber die Männer malen sich ja das Gesicht an und tragen die Haare offen. So mitten in der Nacht und ohne Mond war es schwierig, seine Gesichtszüge zu erkennen. Tagelang sah ich mir alle Männer aus dem Dorf an und versuchte, herauszufinden, wer es gewesen sein könnte. Bald schon interessierten mich aber eher die jungen Männer, die mir den Hof machten.

Also mein Kind, fühlst du dich jetzt bereit?«

Das Mädchen lächelte. »Bei meiner nächsten Periode werde ich meiner Mutter sagen, daß ich das Vorbereitungsritual machen möchte.« Sie stand auf, um zu gehen, und neigte schüchtern zum Dank den Kopf. »Darf ich dich danach besuchen kommen?«

Die alte Frau lächelte. »Ich kenne viele Geschichten, und ich freue mich jedes Mal über eine neue. Besuch mich, wenn du möchtest. Ich werde hier sein.«

Die Große Göttin:
Gesichter der Weiblichkeit

Erinnern Sie sich, daß Ihnen jemand, als Sie noch ein kleines Mädchen waren, erzählte, Mädchen bestünden aus Zucker, Gewürzen und anderen netten Dingen? Gut, vergessen Sie das und ebenso alles, was man Ihnen darüber gesagt hat, daß Frauen mit zwei X-Chromosomen geboren werden.

Wir möchten Ihnen nun gerne zeigen, wie unsere Vorfahren die Entwicklung des Weiblichen sahen. (Und in deren Geschichten gibt es genug Zucker und Gewürze, wenn Sie das wirklich wollen.)

Es lassen sich prinzipiell drei Phasen der Weiblichkeit unterscheiden:

Jungfrau: eine Zeit der Offenheit, in der das sexuelle Verlangen langsam erwacht.

Frau: eine stärker zielorientierte Phase, in der sich das sexuelle Verlangen erfüllt.

Weise: eine erneute Zeit der Offenheit, der Höhepunkt sexueller Kraft.

Wie Sie sicherlich bereits erfahren haben, bauen diese Phasen aufeinander auf.

Die Reise der Jungfrau

Ein junges Mädchen begibt sich auf die Reise der Jungfrau, wenn sie sich zum ersten Mal in jemanden verliebt. In ihr entwickeln sich ihr bis dahin unbekannte sexuelle Gefühle, sie fühlt sich in ihrem eigenen Körper auf einmal anders als vorher. Die kindliche Offenheit weicht mehr und mehr dem bestimmteren Verhalten der Erwachsenen. Interessen entstehen, Talente werden sichtbar, und sie möchte geküßt werden.

Jungfräulichkeit hat nur wenig mit dem Häutchen zu tun, das irgendwann einmal reißt. Sie bezieht sich vielmehr auf eine Phase des sexuellen Erwachens – und hält mehrere Jahre an. Die Reise der Jungfräulichkeit beginnt, wenn ein Mädchen zum ersten Mal an einen Jungen denkt; sie endet, wenn sie die erste richtige Beziehung hat – wenn die Frau in ihr erwacht. Es handelt sich dabei um einen Zeitraum und nicht um ein einmaliges Ereignis.

Eine Frau hört dann auf, eine Jungfrau zu sein, wenn sie bewußt ihre eigene Sexualität lebt – was auch ohne Geschlechtsverkehr möglich ist.

Mit einem Mann zu schlafen bedeutet, die männliche Energie auf eine bisher unbekannte Art und Weise kennenzulernen. Das ist nur ein Bestandteil eines größeren Prozesses. Und es geht dabei nicht darum, etwas zu verlieren. Der einzige Verlust ist der der Kindheit.

Rituale für die ersten sexuellen Erfahrungen junger Mädchen finden sich im alten Indien, in Babylonien und natürlich in den alljährlich im Frühling gefeierten Fruchtbarkeitsriten von Beltane. Es gab sie in den frühen westeuropäischen Zivilisationen, und ihre Spuren finden sich heute noch in den Feiern zum Ersten Mai. Bei allen Riten hat das junge Mädchen den ersten sexuellen Kontakt nicht mit einem von ihr gewählten Liebhaber, sondern mit einem »Gott« oder einem verkleideten Mann. Es handelt sich dabei um einen Übergangsritus, eine Initiation, und nicht um ein Sichausliefern oder die Entjungferung.

Ein solches Ritual muß nicht in der Gemeinschaft, sondern kann auch allein vollzogen werden. Wenn sie («die Jungfrau») bereit dazu ist, egal, ob es jemanden in ihrem Leben gibt oder nicht, kann sie vor einer grünen Kerze ein kurzes Gebet sprechen und darum bitten, daß ihr durch diese Erfahrung Freude und Wissen zuteil werden. Sie kann auch um einen angemessenen Partner bitten. Egal, ob sie eine Verabredung hat, in der sie mit jemandem schlafen wird oder nicht, diese Nacht wird dann das Erwachen ihres vollkommenen Frauseins markieren.

Wenn die erste sexuelle Begegnung nicht geplant oder eine Erfahrung ohne Bedeutung war, kann dieses Ritual mit jemand anderem zu einem anderen Zeitpunkt wiederholt werden. Das Hymen ist für diese Erfahrung unwichtig.

Jungfrauen auf Zeit

Wenn Sie längere Zeit mit niemandem geschlafen haben, werden Sie auf gewisse Weise wieder zur Jungfrau. Bei einigen Frauen dauert es einen Monat, bei anderen ein Jahr, bis sie an diesen Punkt kommen. Sie sind dann vielleicht schüchtern oder unsicher, so ähnlich wie als Teenager. Ihr Wissen ist noch da, Sie fühlen sich lediglich ein wenig »eingerostet«.

Wenn Sie in dieser Zeit keine Lust auf Sex haben, durchleben Sie gerade eine Ruhephase. Das ist vollkommen normal. Es wäre fruchtlos und wenig angenehm, dagegen zu arbeiten. Wenn Sie aber merken, daß sich in Ihnen sexuelle Gefühle regen und es niemanden gibt, mit dem Sie sie ausleben können, versuchen Sie, diese abstinente Phase zu beenden.

Erwachen Sie aus Ihrem Dornröschenschlaf

Machen Sie an einem Freitag bei abnehmendem Mond die folgende Übung. Bitten Sie die Göttin Pele um Hilfe. Verteilen Sie auf einer glatten Oberfläche gerade so viel Talkumpuder, daß sie davon bedeckt ist. Schreiben Sie mit dem Finger das Wort *Zölibat* in das Talkum, und blasen Sie es anschließend weg. Zünden Sie eine weiße Kerze an, und sagen Sie folgendes:

> *Pele, vereinige dich mit mir und bringe mir*
> *meine Leidenschaft und mein Feuer zurück.*

Lassen Sie die Kerze brennen, und stellen Sie sich vor, wie der Geliebte sich Ihnen nähert.

Wenn dann wirklich ein Gefährte auf der Bildfläche erscheint, nutzen Sie Ihre Zauberkünste, um sich wieder an sinnliches Erleben zu gewöhnen. Wir empfehlen Ihnen, sich nicht auf den ersten Mann zu stürzen, der Ihnen in die Quere kommt – meistens ist er eine Art Vorübung, und auf ihn folgt ein passenderer Partner.

Das Frauenalter

In dieser Lebensphase sind Sie vor allem auf Partnerschaft, Arbeit, Familie und Freunde konzentriert. Es ist vollkommen natürlich, sich dann einen Ehemann oder Partner zu wünschen.

Das Frauenalter ist eine in jeder Hinsicht sehr kreative Phase. Das ist die Zeit, um

- sich ein Zuhause zu schaffen
- Kinder zu bekommen
- versteckte Talente an sich zu entdecken

● sich selbst zu verwirklichen
● eine Karriere zu verfolgen

Es handelt sich um eine fruchtbare und erfüllte Lebensphase, eine Zeit, in der Sie sich selbst und durch andere verwirklichen.

Unsere Gesellschaft mag den Respekt vor Wurzeln, einem Zuhause und der Erde verloren haben. Ihre Verbindung zu den Göttinnen erzeugt in Ihnen aber ein ganz natürliches Bedürfnis nach diesen Dingen.

Ein Großteil dieses Buches bezieht sich auf das Frauenalter. Das einzige, worüber wir bisher noch nicht gesprochen haben, sind Kinder. Sie sind ein natürlicher Ausdruck dieser Lebensphase.

Sex und Kinder zeugen

Wenn es um das Zeugen eines Kindes geht, ist Sex häufig nicht mehr nur ein reines Vergnügen. Das entspricht natürlich nicht unserer Vorstellung: Wir sind der Meinung, daß Paare, wenn sie ein Kind zeugen wollen, Sex nicht verwissenschaftlichen sollten. Sie sollten statt dessen ihre Zauber- und Verführungskünste nutzen. Das gilt vor allem dann, wenn die Frau Schwierigkeiten hat, schwanger zu werden.

Wenn Sie sich ein Baby wünschen, kann Sie schon allein dieser Wunsch unter Druck setzen; Sie sollten nicht vergessen, daß die Verbindung zu Ihrem Partner ausschlaggebend dafür ist, daß Sie schwanger werden. Wenn Sie auf medizinische Unterstützung zurückgreifen, könnten sich dadurch Ihre Energien vermindern, und Ihre Verbindung zueinander kann schwächer werden. Außerdem wirken Zauberkräfte häufig über die Wissenschaft hinaus: Sie können auch, zwei Wochen nachdem Sie angeblich Ihren Eisprung hatten, schwanger werden – eine Empfängnis ist zu jeder Zeit möglich.

Nutzen Sie empfängnisfördernde Zauberrituale, wenn Sie
schwanger werden möchten. So werden Sie eine angenehmere
und sicherlich auch bewußtere Erfahrung machen.

Mondzyklen und Empfängnis

Wenn Sie Ihren Zyklus verfolgen (falls Sie das nicht tun, sollten Sie unbedingt damit beginnen), werden Sie wahrscheinlich
Ihre fruchtbaren Tage bereits kennen. Frauen neigen dazu, um
die Zeit des Eisprungs besonders »heiß« zu sein.

Von den fruchtbaren Tagen im Zyklus einmal abgesehen,
gibt es sechs magische Tage im Jahr, die eine Empfängnis besonders begünstigen. Es handelt sich dabei um die Tage, an
denen Neumond ist. Das bedeutet, daß der Mond nicht am
Himmel zu sehen ist (in der Zeitung wird das mit einem
schwarzen Mond angegeben). Neumond ist eine dunkle Zeit,
in der ein unglaubliches Potential weiblicher Kraft freigesetzt
wird. Ab Neumond beginnt der Mond wieder zu wachsen, es
ist also auch eine Phase, in der Wachstum eingeleitet wird. Die
stärksten Neumonde finden sich in den Zeichen Stier, Krebs,
Löwe, Skorpion, Steinbock und Fische. (Für die entsprechenden Tage siehe Anhang, S. 203) Wenn Sie schwanger werden
möchten, sollten Sie sich an diesen Tagen unbedingt vorneh-
men, Ihren Partner zu verführen.

Bevor Sie zur Tat schreiten

Wenn Sie ein Kind zeugen möchten, können Sie vorher ein Meer-
salz-Bad nehmen, um die Energie Ihrer Gebärmutter zu aktivieren. (Sie können das auch gemeinsam mit Ihrem Partner tun.)

Sich für die Empfängnis öffnen
Setzen Sie sich still vor eine Schüssel mit Wasser und einigen
Nüssen mit Schale. Legen Sie eine Hand auf Ihr Basis-Chakra.

Stellen Sie sich ein Kind vor, und atmen Sie Willkommens-Energie in Ihren Schoß. Stellen Sie sich vor, Sie wären ein Gefäß, und spüren Sie, wie ein neues Wesen in Ihnen entsteht, das von Ihnen genährt wird. Ihr Partner könnte sich vorstellen, was er zur Zeugung beiträgt.

Liegen Sie Seite an Seite nebeneinander und stellen Sie sich vor, wie Ihre Energiezentren miteinander in Verbindung treten. Spüren Sie die jeweils entsprechende Farbe. Gehen Sie weiter zur Herz-Verbindung und atmen Sie in sie hinein. Stellen Sie sich vor, daß die Liebe, die Sie füreinander empfinden, ein Licht wäre, das Ihre Herzen verbindet.

Wenn Sie dann miteinander schlafen, geht es dabei weniger um die reine Lust, sondern mehr um das, was Sie miteinander teilen. Ob Sie dabei zu einem Orgasmus kommen, ist nicht wichtig. Achten Sie darauf, daß Ihre Herzen miteinander verbunden sind, und bewegen Sie sich in einem langsamen und wiegenden Rhythmus. Stellen Sie sich weiterhin vor, ein Gefäß zu sein. Wenn er dann kommt, bewegen Sie sich kurz mit ihm und halten Sie einander in den Armen. Gehen Sie lieb und zärtlich miteinander um.

Probleme während der Schwangerschaft?

Während einer Schwangerschaft können häufig Probleme auftreten, die keine physischen Ursachen haben. Manchmal löst der Partner die Verbindung zu der Schwangeren, weil sie eine Erfahrung macht, an der er nicht teilhaben kann. Manchmal fühlt sich die Schwangere aufgrund der Veränderungen nicht mehr attraktiv, und auch die Gesellschaft kann negativ auf den Körper einer schwangeren Frau reagieren. Es ist wichtig, dann auf ihr Selbstwert- und das Schamgefühl zu achten.

Rufen Sie die Erdgöttinnen (Demeter, Gaia) zu Hilfe.
Vergnügen Sie sich auf andere Weise miteinander.
Seien Sie aufmerksam.
Verstecken Sie Ihren Körper nicht, sondern zeigen Sie ihn mit
    Stolz: Tragen Sie fließende Kleider, Blumen – alles, was Ihre
    Weiblichkeit unterstreicht.

Nach der Geburt: Der Baby-Blues

Zusammen mit dem Baby hat sehr viel Basis-Energie Ihren
Körper verlassen. Ihre liebevolle Fürsorge richtet sich jetzt vor
allem auf das Neugeborene. Und Sie und Ihr Partner sind
wahrscheinlich beide sehr erschöpft.

Nach der Geburt zueinander finden

Versuchen Sie, einen gemeinsamen Atemrhythmus zu finden.
Beginnen Sie damit, dunkles, pulsierendes rotes Licht in das eigene Basis-Chakra ein- und in das Ihres Partners auszuatmen.
Wenn Sie beide das Gefühl haben, auf diese Weise eine Verbindung zueinander hergestellt zu haben, konzentrieren Sie sich
auf Ihr Herz-Chakra. Machen Sie damit die gleiche Übung und
stellen Sie sich dabei grünes Licht vor.

Das ist die beste Vorbereitung, um wieder miteinander zu
schlafen. Sie würden zuviel erwarten, wenn Sie glauben würden, daß sich die Verbindung zwischen Ihnen beiden so ohne
weiteres wieder herstellen ließe. Es könnte sein, daß es zunächst
für Sie schmerzhaft ist. Für ihn wird es wahrscheinlich sehr
schön sein, und er wird froh darüber sein, die Verbindung zu
Ihnen wieder aufgenommen zu haben.

Achten Sie auf Gefühle wie Selbstzweifel und Schuld und
darauf, ob Sie sich häufig streiten. Es könnte sein, daß Sie
etwas, das Sie bewegt, nicht offen aussprechen. Das wird Ihre

erneute gemeinsame Verbindung verzögern. Am besten bemühen Sie sich um jemanden, der sich für einen Abend um das Kind kümmert, damit Sie beide allein sein können. Seien Sie zärtlich zueinander – was nicht unbedingt heißt, daß Sie miteinander schlafen sollen – , das wird Ihnen helfen, die Leidenschaft füreinander erneut zu entdecken.

Erfüllte Weiblichkeit

Egal, ob Sie sich für oder gegen Kinder entscheiden, achten Sie darauf, daß Sie die vielen Facetten des Frauenalters auskosten. Entdecken Sie Beziehungen und spielen Sie mit Ihrer Kreativität. Reduzieren Sie Ihr Leben nicht nur auf Arbeit und Fernsehen! Wenn Sie das Potential, das in Ihnen steckt, leugnen, wird das weder Ihnen noch denen, die Ihnen nahestehen, nützen. Außerdem könnten so die Wechseljahre sehr unangehm werden, weil Sie dann vielleicht das Gefühl beschleicht, etwas verpaßt zu haben.

In der Phase der erfüllten Weiblichkeit überprüft eine Frau normalerweise ihre Möglichkeiten im Hinblick auf Beziehungen, ihr Zuhause, ihre Familie und ihre Kreativität.

Bereichern Sie Ihr Leben mit Aktivitäten, die Ihnen das Gefühl geben, ausgefüllt zu sein. Denken Sie darüber nach, ob Sie nicht vielleicht eine Fremdsprache lernen, sich neue Freunde suchen, eine neue Aufgabe übernehmen möchten etc.

Die Weise

In der westlichen Gesellschaft werden alte Frauen oft wie Kinder behandelt, sie sind abhängig, scheinbar unnütz und asexuell. All das zwingt sie, erneut in die Phase der Jungfrau zurückzufallen. Dabei trägt die Weise die Erfahrungen der Jungfrau und der Frau bereits in sich und vertieft sie auf einer mystischen und spirituellen Ebene. Die Weise besitzt eine größere Freiheit als die Frau und ein größeres Wissen als das Mädchen.

Die Weise entwickelt vor allem ihre persönliche Stärken. Eine reife Frau scheint sich mehr auf Bereiche zu konzentrieren, die vorher eher von Männern besetzt waren. Die Männer im gleichen Alter richten ihre Aufmerksamkeit dagegen mehr auf die Beziehung, die im Gegenzug die Weisen nicht mehr so sehr erfüllt. Zwischen den Geschlechtern kann es so zu einem Ausgleich der Interessen kommen.

In früheren Gesellschaften hatte die Weise die Aufgabe, die jungen Mädchen mit praktischem und spirituellem Wissen vertraut zu machen und sie zu unterrichten.

Die Weise ist so offen wie die Jungfrau und in ihrem Denken und Handeln nicht so zielgerichtet wie die Mutter. Die Weise besitzt nicht mehr die Unsicherheit und Unerfahrenheit der Jugend und auch nicht den fürsorglichen Drang der Frau. Sie hat die Zeit und die Fähigkeit, innere und äußere Welten zu erforschen.

Je stärker Ihr sinnliches Erleben ist, je mehr Sie mit Ihrer weiblichen Kraft und deren Ausdruck verbunden sind, desto leichter wird es Ihnen fallen, sich als Weise zu behaupten. Wenn Sie Ihre Weiblichkeit in mancher Hinsicht verleugnet haben, könnten Sie Schwierigkeiten mit dem Übergang von der Frau zur Weisen haben.

Die sexy Weise

Die Tatsache, daß Sie keinen Eisprung mehr haben, bedeutet nicht, daß Sie nicht mehr »scharf« sind. Ihre Lust mag vielleicht nicht mehr so intensiv sein wie in jüngeren Jahren, aber sie ist auf jeden Fall noch da.

Sex dient nur noch dem reinen Vergnügen und nicht mehr der Fortpflanzung. Seien Sie sich dessen bewußt: keine Empfängnisverhütung, keine Sorgen mehr. Sie haben mehr Zeit für sich.

Hört sich das nicht gut an? Jetzt müssen Sie nur noch dahin kommen. Zeit für einen Wechsel – die Wechseljahre.

Wechseljahre-Wahnsinn

Erwarten Sie während der Wechseljahre genau das, was Sie eigentlich nicht erwarten würden. Sie haben unter Umständen das Gefühl, alle Zyklen der Weiblichkeit gleichzeitig zu durchleben.

In unserer Gesellschaft werden die Wechseljahre zum Teil verleugnet. Sie weisen darauf hin, daß eine Frau keine Kinder mehr gebären kann und sind mit dem Stigma des »Altseins« behaftet. Als Reaktion versuchen Frauen oft, sie hinauszuzögern und verzichten darauf, die in dieser Lebensphase entstehende Kraft zu nutzen.

Jede Zauberin mit Köpfchen weiß, daß es sich dabei um eine Übergangsphase handelt. Durch diese Phase wird die Fruchtbarkeit geehrt und die Freiheit, »ohne Periode« zu sein, gefeiert – es handelt sich um eine Zeit, in der Ihre weibliche Kraft eine neue Qualität gewinnt.

Manchmal haben Sie in dieser Phase vielleicht Schwierigkeiten mit Ihrer Sexualität: Es könnte dann sehr hilfreich sein, wenn Sie mit Ihrem Basis-Chakra meditieren. Reinigen Sie Ihr Sakral-Zentrum, um die mütterliche Phase zu beenden. Betupfen und öffnen Sie gleichzeitig Ihr drittes Zentrum – hier liegt jetzt Ihre Kraft. Ihre Energie wandert vom Basis-Chakra aus dorthin. Wenn Sie nicht für Ihr Kraftzentrum offen sind, kann es passieren, daß Sie an Gewicht zunehmen.

Es ist besser, in dieser Übergangzeit im Einklang mit den Jahreszeiten zu leben. Versuchen Sie, an solchen Orten Ihren Urlaub zu verbringen, wo das Klima so ähnlich ist wie bei Ihnen zu Hause. Ihr gesamter Körperrhythmus verändert sich, und Sie sind momentan zu sensibel, um sich so einfach auf dramatische Veränderungen einstellen zu können.

Es kann nun Phasen geben, in denen Sie sich nicht für Sex interessieren. Seien Sie sich bewußt, daß es sich um eine Zeit handelt, in der Sie sich vielleicht mehr auf Ihr Inneres konzentrieren und nicht so aktiv und auf Gesellschaft aus sind wie vorher. Es soll auch Frauen geben, die schneller anfangen zu weinen oder starken Gefühlsschwankungen unterworfen sind. Das geht vorbei. Die Einnahme von Östrogen soll in solchen Situationen helfen.

Lassen Sie sich von Ihrem Partner in den Arm nehmen. Sie haben nun aufgehört, die Nährende zu sein – egal, ob Sie eigene Kinder haben oder nicht.

Wie komme ich nach den Wechseljahren wieder in Schwung?

Erhalten Sie sich auch nach den Wechseljahren Ihre sinnlichen und körperlichen Vergnügungen. Meditieren Sie mit Ihrem Basis-Chakra, masturbieren Sie. Wenn Sie keinen Partner haben, gehen Sie zur Massage, in die Sauna etc. Versuchen Sie, die Veränderung Ihrer Basis-Energie zu spüren. Sie dient nicht länger der Fortpflanzung, sondern nur noch dem Vergnügen. Vielleicht fühlt sie sich anders an.

Auch Männer können diese Veränderungen erfahren – allerdings ohne dabei Wechseljahre durchmachen zu müssen.

Sex ist nach den Wechseljahren häufig besser als vorher. Die Partner haben viel von der Scham im Umgang miteinander verloren und wissen, was sie wollen. Auch die Empfängnisverhütung ist nun kein Thema mehr.

Ihr Körperrhythmus ist allerdings viel schwieriger, und Sie müssen nun stärker auf Ihre Bedürfnisse achten. Sie können die Veränderungen Ihres Körpers auf die gleiche Weise ehren wie bei einer Schwangerschaft. Ihr inneres Feuer nimmt mehr und mehr Raum ein – hoffentlich haben Sie es auch immer genährt. Sie werden sich nicht mehr so verhalten, als wären Sie

22 – und werden das auch gar nicht wollen, weil Ihnen der entsprechende hormonelle Schub fehlt. (Sich in einer Kneipe herumzutreiben, zu rauchen und Martini zu trinken, erscheint Ihnen vermutlich nicht mehr besonders reizvoll.)

Die Göttin auferstehen lassen

Nutzen Sie Ihre besonderen Kräfte, egal, in welcher Phase Sie sich befinden. Die Göttin wird Ihnen zur Seite stehen. Sie ist Ihre Kraftquelle und ein für alle Zwecke gut einsetzbarer Energielieferant. Sie können zu jeder Zeit, wenn Sie das Gefühl haben, an Kraft verloren zu haben, eine Göttin anrufen – es können auch mehrere sein; Sie sollten ihre Namen immer griffbereit haben. (Sehen Sie sich dazu die Liste auf Seite 115f. und im Anhang ab Seite 206 an.)

1. Stellen Sie bei zunehmendem Mond in Ihrem Lieblingszimmer eine Schale mit Wasser, eine brennende Kerze und Blumen auf. Vielleicht möchten Sie auch einen bestimmten Duft in dem Raum haben.
2. Stellen Sie einen Power-Gegenstand (etwas, worauf Sie stolz sind) vor sich.
3. Setzen Sie sich vor die Flamme.
4. Ziehen Sie vom Boden Energie in Ihr Basis-Chakra, lassen Sie sie durch jedes einzelne Chakra fließen und entlassen Sie sie durch das Scheitel-Chakra.
5. Singen Sie oder sagen Sie laut (wie ein Mantra) den oder die Namen der Göttin oder Göttinnen, die Sie ausgewählt haben, und Ihren eigenen Namen.
   (Die Wahl der Göttin hängt ganz von Ihren persönlichen Vorlieben ab. Beschäftigen Sie sich mit den Göttinnen und finden Sie heraus, welche Ihnen bei der Verwirklichung Ihrer Ziele behilflich sein können. Dies ist ein wichtiger Bestandteil des mystischen Prozesses.)
6. Sagen Sie laut, daß Sie Ihre eigenen Kräfte erkennen und bit-

ten Sie die von Ihnen ausgewählten Göttinnen, daß Sie Ihnen
mit ihrer Stärke und Weisheit helfen.

7. Nehmen Sie diesen Vorsatz ganz in Ihr Herz auf. Legen Sie
dann die Hände auf den Boden, um diese Qualitäten in sich
aufzunehmen. Sagen Sie: So wird es sein. Und so ist es.

Mondzauber

Der Mondzyklus: ein Überblick

Der Mond wird gemeinhin mit der Weiblichkeit in Verbindung gebracht – sein Gegenstück, die Sonne, mit der Männlichkeit. Der Zyklus des Mondes ist lange Zeit als Sinnbild für den weiblichen Zyklus benutzt worden.

Wenn der Mond voller wird, spricht man von einem *zunehmenden Mond*. Der zunehmende Mond steht für die Zeit des Eisprungs und der Fruchtbarkeit. Wenn der Mond dann vollständig zu sehen ist, ist *Vollmond*. Anschließend nimmt der Mond wieder ab und ist schließlich nicht mehr am Himmel sichtbar – diesen Zeitpunkt nennt man *Neumond*. Die Phase, in welcher der Mond immer weniger zu sehen ist, nennt man *abnehmender Mond*. Neumond wird mit Menstruation und dem Freiwerden der Energie des Vollmondes in Verbindung gebracht.

Nach Neumond nimmt der Mond wieder zu.

Mondzyklus und weiblicher Zyklus wiederholen sich jeden Monat.

Die Einflüsse des Mondes sind jeden Tag spürbar

Der Mond durchwandert jeden Monat alle Tierkreiszeichen. (Die Sonne macht dasselbe, allerdings auf ein ganzes Jahr verteilt.) Dadurch entstehen unterschiedliche Impulse, Atmosphären und Energien, die unser sexuelles Verhalten und auch unsere Stimmung allgemein beeinflussen.

Um genau zu wissen, in welchem Tierkreiszeichen sich der Mond gerade befindet, brauchen Sie einen Mondkalender. Anfangs wird es wahrscheinlich etwas dauern, bis Sie verstehen, wie so ein Kalender zu lesen ist. Er wird allerdings schon bald unverzichtbar für Sie werden, wenn Sie merken, wie sinnvoll es sein kann, die eigenen Pläne nach den Mondphasen auszurichten.

Die folgende Tabelle gibt eine Übersicht darüber, wie uns der Mond beeinflußt, je nachdem, in welchem Zeichen er steht.

Mond in:	Einfluß
Widder	agressives, energisches Verhalten
Stier	erdverbunden, still; Wunsch, einkaufen zu gehen
Zwilling	gesprächig, gesellig, zum Flirten aufgelegt
Krebs	sentimental, fürsorglich
Löwe	Feiern, in Gesellschaft sein; strahlend
Jungfrau	Drang nach Klarheit; Dinge verstehen wollen
Waage	Wunsch, mit Menschen zusammen zu sein, die man liebt, sich zu unterhalten
Skorpion	Bedürfnis nach Rückzug, Intimität
Schütze	Drang nach etwas Neuem, Entdeckerlust
Steinbock	strebsam, ruhig
Wassermann	gedankenverloren, verträumt, Bedürfnis nach Kreativität
Fische	romantisch, empfindsam

Mond-Rituale

Vollmond oder Neumond eignen sich in unterschiedlicher Weise für bestimmte Zauberpraktiken; zum Beispiel läßt sich in der fruchtbaren Phase des Neumondes eher ein Kind zeugen, und der Vollmond ist hervorragend für eine Phantasie-Nacht geeignet.

Der Neumond steht immer in demselben Tierkreiszeichen wie die Sonne. Der Vollmond befindet sich dagegen immer in dem genau entgegengesetzten Zeichen und damit sechs Monate von dem Neumond-Zeichen entfernt. Nutzen Sie die folgende Tabelle als kleine Orientierungshilfe.

Ein Beispiel: Sie planen im Juli eine Phantasie-Nacht bei Vollmond. Schauen Sie, in welchem Zeichen er dann steht, und notieren Sie sich das dazugehörige Element, um die Kraft des Mondes optimal nutzen zu können. Der Vollmond im Monat Juli steht im Steinbock, einem Erdzeichen. Das wäre dann eine gute Zeit für körperliche Sinnlichkeit. Der Vollmond in einem Wasserzeichen eignet sich hervorragend für Rollenspiele und ähnliches.

Sie müssen das nicht alles im Kopf behalten. Angaben zu Voll- oder Neumond finden Sie in Ihrer Tageszeitung. Die Zeichen mit den entsprechenden Zuordnungen stehen in der folgenden Tabelle.

Die Sonne steht in		Zeichen für Vollmond	Zeichen für Neumond
Widder	(20.03.-19.04)	Waage	Widder
Stier	(20.04.-19.05.)	Skorpion	Stier
Zwilling	(20.05.-20.06)	Schütze	Zwilling
Krebs	(21.06.-21.07.)	Steinbock	Krebs
Löwe	(22.07.-21.08.)	Wassermann	Löwe
Jungfrau	(22.08.-21.09.)	Fische	Jungfrau
Waage	(22.09.-21.10.)	Widder	Waage
Skorpion	(22.10.-21.11.)	Stier	Skorpion
Schütze	(22.11.-20.12.)	Zwilling	Schütze
Steinbock	(21.12.-19.01.)	Krebs	Steinbock
Wassermann	(20.01.-19.02.)	Löwe	Wassermann
Fische	(20.02.-19.03.)	Jungfrau	Fische

Die sexuelle Kraft der Göttinnen

Aeval (Irland) Elfenkönigin von Munster, Göttin der Liebe und Sexualität, der Magie und der kleinen Dinge. Als Aeval hörte, daß sich ihre Frauen über die sexuellen Praktiken ihrer Ehemänner beklagten, verfügte sie, daß die Männer lernen müßten, kreativer und offener beim Sex zu sein.

Anahita (Persien) Ihr Name bedeutet »ohne Makel«; sie ist die Göttin des Mondes, der Liebe und Sexualität, des Wassers und der Selbstlosigkeit. Als Muttergöttin ist sie für die Fruchtbarkeit des Bodens verantwortlich und reinigt die Gebärmutter. Sie wird mit orgiastischer Religion und heiliger Sexualität in Verbindung gebracht. Nach der zoroastrischen Lehre ist sie die Göttin des Krieges. Sie fährt auf einem Triumphwagen, der von vier weißen Pferden gezogen wird – sie symbolisieren Wind, Regen, Wolken und Hagel.

Aphrodite (Griechenland) Aphrodite stieg aus den Tiefen des Ozeans empor. Ihr anmutiger Körper, die reinen Gesichtszüge und das glänzende blonde Haar sind der Inbegriff weiblicher Schönheit und Vollkommenheit. Die süß lächelnde Aphrodite ist stets von einer Aura der Verführung umgeben. Sie ist die Meisterin der verführerischen Konversation, des reizenden Lachens, der süßen Täuschung, der anmutigen Gebärden und der Freuden der Liebe.

Artemis (Griechenland) Göttin der Jagd und des Mondes (Apollon, ihr Zwillingsbruder, ist der Sonnengott). Sie er-

scheint als junge Frau mit Pfeil und Bogen in Begleitung eines
Hundes oder manchmal auch eines Hirschs. Sie gilt als die
Göttin und Mutter der wilden Tiere. Sie ist Sinnbild der unge-
zähmten animalischen Seite der menschlichen Natur und un-
terstützt als jungfräuliche Göttin der Geburt die Frauen bei der
Niederkunft.

Astarte (Phönizien) Astarte, was soviel bedeutet wie »Königin
des Himmels«, ist die Göttin der Fruchtbarkeit, der Liebe und
der heiligen Sexualität. Sie wird mit Himmel und Hölle, Mond
und Nacht in Verbindung gebracht und ist Mutter und Wäch-
terin. Sie ist auch eine Göttin des Wassers, die Beschützerin der
Schiffe und Seeleute. Sie wird mit Ischtar aus Babylon und
Aphrodite aus Griechenland gleichgesetzt.

Athene (Griechenland) Sie ist nicht nur Kriegsgöttin, sondern
auch Göttin des Friedens und der besonnenen Klugheit. Sie gilt
als Patronin der Architekten, Bildhauer, Spinner und Weber
und beschützt Pferde und Ochsen. Sie ist die arbeitende Frau.
Ihre Weisheit verhalf ihr zu dem Titel ratgebende Göttin und
Göttin der Volksversammlung. Ihr Symbol ist die Eule. Sie
wird mit einer enganliegenden Toga, Schild und Speer dargestellt.

Bastet (Ägypten) Die Katzengöttin des Vergnügens liebt Musik und Tanz und schützt die Menschen vor ansteckenden
Krankheiten und teuflischen Geistern. Ursprünglich war sie
eine Löwengöttin und Sinnbild für die wärmende Kraft der
Sonne. Später wurden ihr die Katzen geweiht. Sie wird als Frau
mit einem Katzenkopf dargestellt.

Benten (Japan) Buddhistische Göttin des Glücks, des Schick-
sals, der Gesundheit, der Künste, des Wassers, der Reptilien
und des Meeres. Sie wird manchmal als Drachenfrau dargestellt.

Brigit (Irland) Brigit bedeutet »Herrscherin«, sie ist eine Muttergöttin des Heilens, der Dichtkunst, der Fruchtbarkeit und des Feuers. Außerdem wacht sie über Haushaltsangelegenheiten und Zeremonien. Für das Christentum ist sie die heilige Brigitte. Sie wurde ausschließlich von Frauen verehrt.

Kybele (Kleinasien) Kybele ist eine frühe große Muttergöttin der Fruchtbarkeit und der wilden Tiere (was sie mit Artemis verbindet). Sie ist die Hüterin des Todes, Göttin des Berges oder »Herrin von Ida«, was sich auf einen hohen Berg in West-Anatolien bezieht. Sie ist eine Löwengöttin, die häufig mit Löwen oder Leoparden an ihrer Seite dargestellt wird.

Demeter (Griechenland) Sie verkörpert die fruchtbare und bearbeitete Erde, ist eine jungfräuliche Göttin der Feldfrüchte und wacht über die Ernte. Getreideähren und ein zurückgeschlagener Schleier krönen häufig ihr Haupt. Sie trägt einen langen Mantel und hält ein Zepter in der Hand. Goldenes Haar in der Farbe reifer Ähren umspielt das Gesicht dieser herben Schönheit.

Estsanatlehi (Navaho) Estsanatlehi bedeutet »die sich selbst Erneuernde«. Sie ist die Göttin der Verwandlung, der Unsterblichkeit, der Zeit und der Zauberkunst. Sie kann sich selbst in die drei Stadien der Weiblichkeit verwandeln – Jungfrau, Frau und Weise. Sie wacht über Fruchtbarkeit und Unfruchtbarkeit und ist Sinnbild für Tod und Wiedergeburt.

Gaia (Griechenland) Gaia ist die große Göttin, die allem das Leben geschenkt hat. Sie ist die Schöpferin des Universums, erste Göttin und erstes menschliches Wesen. Sie ist die »universelle Mutter«. Ihr gehörte das Orakel von Delphi, bevor es an Apollo überging. Gaia wurde gemeinhin als riesenhafte Frau dargestellt.

Guanyin (China) Sie ist die Göttin der Barmherzigkeit, des Mitleids und die Beschützerin der Kinder und Frauen. Sie verleiht Gesundheit und Fruchtbarkeit und steht für Wissen, körperliche Stärke und Tugend. Guanyin wird auch mit Musik in Verbindung gebracht und »die wohlklingende Stimme« genannt.

Hathor (Ägypten) Göttin des Himmels, des Tanzes, der Musik und Liebe. Ihr Tier ist die Kuh. (Für die alten Ägypter hatte der Himmel die Form einer Kuh.) Hathor wurde normalerweise als menschliches Wesen dargestellt. Sie trug allerdings zwei Kuhhörner auf dem Kopf, zwischen denen sich eine Scheibe befand – als Zeichen dafür, daß sie mit ihren Hörnern die jugendliche Sonne in den Himmel gehoben hatte.

Hekate (Griechenland) Mondgöttin und Göttin der Unterwelt. Sie wurde auch Königin der Nacht genannt und häufig als Göttin im Greisenalter dargestellt. Sie schenkt Reichtum, Erfolg und Klugheit. Sie wacht über Wissen und Erziehung und schützt diejenigen, die sie verehren, vor dem Teufel. Sie wird auch die unbesiegbare Königin genannt. Hekate ist außerdem eine Göttin der Zauberkunst und magischer Formeln. Sie erscheint bei Nacht in Begleitung ihrer Hunde.

Hera (Griechenland) Ursprünglich die Königin des Himmels und mit Zeus verheiratet. Sie wacht über alle Phasen des weiblichen Lebens. Vorwiegend ist sie jedoch die Göttin der Ehe und der Mutterschaft. Sie repräsentiert die idealisierte und zur Göttin erhobene Frau. Sie wurde gemeinhin als junge, gut entwickelte Frau von reiner und herber Schönheit dargestellt, deren Kopf von einem Diadem gekrönt ist.
Sie wird oft als Kuckuck oder Granatapfel beschrieben, beides symbolisiert eheliche Liebe und Fruchtbarkeit.

Hestia (Griechenland) Hestia bedeutet »Herd«. Sie war eine Göttin des Hauses und dessen Patronin sowie Beschützerin der Familie und der Stadt. Als Feuergöttin wurde sie mit dem Feuer im Mittelpunkt der Erde und der Erde selbst in Verbindung gebracht.

Ischtar (Babylon, Sumer, Mesopotamien) Ischtar, auch Innana genannt, ist die Göttin der Fruchtbarkeit, der Liebe und des Planeten Venus. Sie erzeugt in allen Lebewesen sinnliches Verlangen. Als Mondgöttin haucht sie in dem zunehmenden Mond Leben ein und entzieht es dem abnehmenden wieder. Ischtar schafft die Gesetze und ist aufgrund ihres Mutes ebenfalls als Kriegsgöttin bekannt. Sie wird häufig auf einem Streitwagen, der von sieben Löwen gezogen wird, und mit einem Bogen in der Hand dargestellt.

Isis (Ägypten) Königin der Sterne, Göttin des Lebens und der Heilung, Beschützerin der Toten und Muttergöttin. Isis war die symbolische Mutter und verkörperte die fruchtbaren Ebenen Ägyptens. Sie war auch die wehklagende Göttin, bekannt für ihr großes Zauberwissen und die Patronin der Reisenden. Sie wies die Ägypterinnen an, wie Flachs gesponnen, Stoff gewebt und Korn gemahlen wird und trug so zur Zivilisierung des Landes bei. Außerdem zeigte sie den Männern, wie Krankheiten geheilt werden und machte sie durch die Einführung der Ehe häuslich. Sie übernahm die Symbole von Hathor, die Hörner und die Scheibe auf dem Kopf. Manchmal ist sie auch mit einem Thron auf dem Kopf dargestellt oder als menschlicher Körper mit einem Kuhkopf.

Lakshmi (Indien) Eine strahlende und wohlriechende Göttin des Glücks und des Wohlstands, der Gesundheit, Schönheit und eine Schöpferin des Lebens. Zum Anbeginn der Zeit entstieg sie dem Schaum des Ozeans. Sie wird häufig mit einer Lotosblume in der Hand dargestellt.

Macha (Irland) Keltische Göttin der Fruchtbarkeit. In der Mythologie erscheint sie auch als Kriegsgöttin, die nicht mit tödlichen Waffen kämpft, sondern übernatürliche Kräfte nutzt und die Gestalt von Tieren annimmt, um ihre Feinde zu überwältigen.

Pele (Hawaii) Göttin der Liebe und Sexualität, der Erde, des vulkanischen Feuers, der Natur, des Chaos, der Schönheit und Häßlichkeit. Pele kann als häßliche oder schöne Frau in Erscheinung treten.

Rhiannon (England) Bedeutende walisische Fruchtbarkeitsgöttin und Göttin der domestizierten Tiere. Sie ist eine auf einer weißen Stute reitende Zauberin und wird von Vögeln begleitet, die den Wechsel der Jahreszeiten verkünden.

Sarasvati (Indien) Sarasvati bedeutet »die Fließende«. Sie ist eine Flußgöttin der Musik, der Weisheit und des Wissens und wird mit Fruchtbarkeit und Gesundheit in Verbindung gebracht. Sarasvati wird als schöne und anmutige blasse Frau, die einen Halbmond auf der Stirn trägt und auf einem Pfau sitzt, dargestellt.

Sekhmet (Ägypten) Sekhmet bedeutet »die Mächtige«. Sie war Kriegsgöttin und verbreitete überall Furcht. Sie wurde als Löwin oder Frau mit Löwenkopf dargestellt. Außerdem verehrte man sie als große Zauberin und Hexe, und ihr Wissen wurde bei der Heilung von Krankeiten eingesetzt.

Uschas (Indien) Göttin der Morgendämmerung, mit rosafarbenen Gewändern und goldenen Schleiern bekleidet. Sie wird jeden Morgen wiedergeboren und ist jung und alt zugleich, da sie unsterblich ist. Sie ist ein blühendes und schönes junges Mädchen, eine mit Edelsteinen geschmückte Tempeltänzerin, eine Frau in wunderschönen Gewändern, die auf ihren Ehemann wartet. Sie hat immer ein Lächeln auf den Lippen und besitzt einen unwiderstehlichen Charme. Sie öffnet ihre Schleier zur Hälfte und gibt den Blick auf in den Falten des Stoffes verborgene Schätze frei. Sie reist auf einem glänzenden Triumphwagen umher, der von Kühen oder Pferden gezogen wird. Sie gibt der Welt Licht und Glanz, sie ist das Leben und Wohl aller Dinge.

Wadjet (Ägypten) Wadjet ist eine Schlangengöttin, der Name bedeutet »die Grüne« und war im alten Ägypten die Bezeichnung für »Kobra«. Sie war die Königin der ägyptischen Götter und wurde mit Gerechtigkeit, Himmel und Hölle, Zeit und Zeremonien in Verbindung gebracht. Als Schlange war sie mit der königlichen Uräusschlange auf dem ägyptischen Kopfschmuck gleichgesetzt und als geflügelte, gekrönte Kobra dargestellt. Wadjet war ein Symbol des Wachstums und die nationale Göttin von Unterägypten.

Xochiquetzal (Azteken) Xochiquetzal, die »Blumenfeder«, ist die Göttin von Vergnügen, Schönheit, Liebe, Sexualität, Blumen, Erde und eine mütterliche, beschützende Figur. Sie wird vor allem von den Frauen verehrt und mit Niederkunft und dem Weben von Stoffen in Verbindung gebracht.

Meditation

Tips für Anfänger

- Einsteiger sollten zunächst nach Möglichkeit dreimal pro Woche meditieren.
- 20 Minuten sind eine gute Zeitspanne für eine Sitzung. Trotzdem sollte man mit weniger beginnen und dann langsam die Dauer der Sitzung verlängern. Machen Sie die Sitzung zunächst so lange, wie es für Sie gut ist – fünf oder zehn Minuten sind besser als nichts.
- Es gibt beim Meditieren kein »richtig« oder »falsch«. Wenn Sie eine bestimmte Meditiationsform beunruhigend und verwirrend finden, machen Sie damit nicht weiter. (Beunruhigt und verwirrt zu sein ist nicht dasselbe, wie unruhig zu sein. Es ist normal, eine gewisse Unruhe zu verspüren, wenn man versucht, zur Ruhe zu kommen.)
- Die Gedanken schweifen immer ab. Das passiert sogar denjenigen, die schon sehr lange meditieren. Versuchen Sie, sich einfach immer wieder auf die Meditation zu konzentrieren.
- Nicht jede Meditation ist gleich gut. Eine Meditation kann Sie zu jeder Zeit in einen Zustand höchster Freude versetzen, selbst schon bei der ersten Sitzung. Stellen Sie sich darauf ein, daß sich Ihre Erfahrungen während der Meditation ständig verändern werden und Zyklen durchlaufen.
- Bringen Sie sich für eine Meditation in Stimmung und schaffen Sie sich eine angenehme Atmosphäre.
  1. Nehmen Sie ein Bad, bevor Sie anfangen zu meditieren.
  2. Zünden Sie eine Kerze und ein Räucherstäbchen an.

3. Sorgen Sie für entspannende Hintergrundmusik. In vielen Musikgeschäften gibt es Kassetten und CDs mit spezieller Meditationsmusik.
4. Nehmen Sie ein Kristall oder einen Edelstein in die Hand.
5. Gestalten Sie sich eine Lieblingsecke mit für Sie bedeutenden Objekten, Blumen, der Darstellung einer Göttin und der Elemente.

● **Meditieren Sie im Sitzen und nicht im Liegen.** Sie möchten schließlich nicht einschlafen. (Wenn die Meditation Ihnen allerdings helfen soll einzuschlafen, können Sie dabei natürlich liegen.)

Überblick

Es gibt viele Möglichkeiten zu meditieren. Dieser kurze Überblick wird Sie mit einigen der bekanntesten Methoden vertraut machen. Probieren Sie diejenigen aus, die Ihnen zusagen, und bleiben Sie bei der Technik, die für Sie die beste ist.

Bewußtes Atmen

Alles, was Sie bei dieser Form von Meditation tun müssen, ist atmen. Schließen Sie die Augen, und konzentrieren Sie sich darauf, wie es sich anfühlt, wenn Sie durch die Nasenlöcher ein- und ausatmen.

Versuchen Sie nicht, den Atem zu kontrollieren, sondern werden Sie sich einfach bewußt, daß Sie atmen. Wenn Ihnen ein Gedanke durch den Kopf schießt und Sie ablenkt, versuchen Sie, ihn loszulassen und sich erneut auf die Atmung zu konzentrieren. Dasselbe gilt, wenn Sie irgendein Geräusch im Hintergrund stört oder Ihnen irgend etwas Unbehagen bereitet. Lassen Sie einfach alles los.

Konzentrieren Sie sich darauf, wie sich die Atmung in der

Nase und auf den Lippen anfühlt. Ist sie leicht, schwer, kitzelt sie, ist sie schnell? Es gibt unzählige Möglichkeiten dafür, was sie empfinden können. Die Konzentration darauf wird Ihnen helfen, Ihren rastlosen Geist zu beschäftigen.

Wenn es Ihnen schwerfällt, sich nur auf die Atmung zu konzentrieren, versuchen Sie, beim Ein- und Ausatmen immer wieder von eins bis zehn zu zählen.

Wenn Sie dann langsam in Übung sind, können Sie damit beginnen, sich vorzustellen, beim Einatmen reine und heilsame Energie in den Körper aufzunehmen und beim Ausatmen Giftstoffe und Streß aus dem Körper herauszulassen. Wenn Sie auf etwas eine Antwort suchen, können Sie diese Übung auch machen, um den Kopf frei zu bekommen.

Mantra

Ein Mantra ist ein Wort oder ein Satz, der immer aufs neue wiederholt wird. Dadurch bekommt der Verstand etwas zu tun, während der Geist frei wird.

Die Worte, die für ein Mantra benutzt werden, sollen mit einer besonderen Kraftquelle verbunden sein. Die bekannteste Form dieser Art von Meditation ist die Transzendentale Meditation. Gerade für Anfänger kann es hilfreich sein, einen Kurs in Transzendentaler Meditation, Zen-Meditation oder Yoga zu besuchen.

Ein Mantra kann sich als sehr nützlich erweisen, wenn Sie eine längere Meditation ausprobieren möchten. Sie können ein Mantra auch nutzen, um sich im Alltag immer wieder in einen Zustand klarer und besinnlicher Bewußtheit zu bringen.

Bei einigen Meditationsformen wird eine Kette mit Perlen, die man in der Hand hält, benutzt. Immer wenn man das Mantra aufsagt, geht man weiter zu der nächsten Perle, wie beim Rosenkranzbeten. Diese Übung verbindet Körper und Verstand und macht es leichter, in die Meditation zu finden.

Die Mantras ändern sich je nach Gemütslage, wie auch die Atmung. Manchmal werden sie laut, manchmal leise, manchmal flüchtig gesprochen. Mit der Zeit sind sie wie von selbst da und brauchen nur noch ab und zu einen Anstoß.

Probieren Sie es doch einmal mit den Wörtern *Ram* oder *Om*. Sie können aber auch ein Wort oder einen Satz wählen, der Ihr Selbst auf einer höheren Ebene anspricht wie »Liebe«, »Vergebung« oder »Ich bin ganz ruhig«.

Kontemplation

Ob Sie spirituelle Bücher lesen, beten oder sich in der Natur aufhalten, all das sind Formen von Kontemplation. Viele von uns machen das, ohne dabei von Meditation zu sprechen. Aber genau darum geht es dabei – eine ruhige und klare Atmosphäre zu finden, die einem hilft, etwas mehr Frieden zu finden.

Wenn Sie das ausprobieren möchten, nehmen Sie das Buch eines Autors zur Hand, dessen Werk Sie inspirierend finden und den Sie gerne lesen. (Das sollte auf keinen Fall eine anstrengende oder langweilige Sache werden.) Lassen Sie die Worte in Ihr Bewußtsein sinken, während Sie sie lesen. Wenn Ihnen etwas Besonderes im Text auffällt, verharren Sie einen Moment an dieser Stelle, und denken Sie über sie nach. Was will sie Ihnen sagen? Was hat sie mit Ihrem Leben zu tun? Kommen Sie im Verlauf des Tages immer wieder auf diesen Gedanken zurück.

Wenn Sie das Glück haben, auf dem Land zu leben, wird Ihnen die Natur eine Fülle von Möglichkeiten bieten zu meditieren. Gehen Sie spazieren, atmen Sie die klare Luft, und spüren Sie die Erde unter den Füßen. Verbinden Sie sich mit ihr, den Pflanzen und allen Lebewesen, die Sie umgeben. Wenn Sie gerne irgendwo stehenbleiben und sich hinsetzen möchten, tun Sie es. Bäume sind großartige Lehrer. Lassen Sie sich unter einem nieder, und lauschen Sie dem, was er sagt.

Herz-Meditation

Wie der Name schon sagt, geht diese Form der Meditation vom Herzen aus und spricht zum Herzen. Sie ermöglicht einen vertrauteren Umgang mit einer Person, der man nahe sein möchte.

Wenn Sie auf diese Weise meditieren möchten, stellen Sie ein Bild oder Objekt der entsprechenden Person vor sich hin. In Ihrer Vorstellung dringt es in Sie ein und wird von Ihrem Herzen umschlossen. Nehmen Sie das Gefühl wahr, daß es auf Sie ausstrahlt. Wenn Sie dann spüren, daß Sie mit ihm in Verbindung getreten sind, stellen Sie ihm Fragen, sprechen Sie mit ihm, oder sitzen Sie einfach nur mit ihm zusammen.

Sie können auch den Namen des Menschen, dem Sie sich nahe fühlen möchten, singen. Vielleicht haben Sie dabei zunächst ein etwas komisches Gefühl. Die Wirkung wird allerdings sehr groß sein: Sie werden erstaunt sein, wieviel besser Sie sich fühlen werden. Haben Sie keine Angst, zu laut oder unmusikalisch zu sein. Es ist absolut in Ordnung, wenn Sie Lust haben zu schreien. Sie sollten das zum Ausdruck bringen, was Sie in diesem Moment fühlen. Wie bei den Perlen und dem Mantra werden Sie dadurch eine neue Erfahrungsebene erreichen.

Mit der Zeit können Sie verschiedene Symbole als Schlüssel zu Ihrem Herzen nutzen. Später werden Sie diese Meditation wahrscheinlich auch ohne einen äußeren Bezug durchführen können.

Visualisierung

Diese Technik, die manchmal auch kreative Visualisierung genannt wird, ist unseren Phantasien und Tagträumen sehr ähnlich. Was sie allerdings von ihnen unterscheidet, ist, daß sie auf

ein bestimmtes Ziel oder einen Zweck gerichtet ist. (Damit
sind keine Träume von Brad Pitt gemeint, so scharf sie auch
sein mögen.) Sie können diese Technik anwenden, um Antworten auf etwas zu finden, eine Situation zu analysieren oder um
sich inspirieren zu lassen.

Sie sollten sich auf jeden Fall zuerst eine Musik besorgen, die
Sie bei dieser Meditiation hören möchten. Beginnen Sie mit einigen Entspannungsübungen, und »bewegen« Sie sich dann zu
einem Ort in Ihrer Vorstellung, an dem Sie sich offen und sicher fühlen. Es kann sich dabei um einen Ort handeln, der nur
in Ihrer Phantasie existiert, oder auch um einen, den Sie wirklich kennen. Sie können in Ihrer Vorstellung dort nur einfach
still sitzen und abwarten, welche Antworten zu Ihnen kommen.

Versuchen Sie, die Meditation auf ein aktuelles Thema wie
Liebe, Gesundheit oder Glück zu beziehen. Wenn Sie auf diese
Weise eine Zeitlang meditieren, werden Sie eine Menge Informationen und Hilfe erhalten. Wenn Sie darin mehr Übung
haben, werden Sie auch keine Musik mehr dazu brauchen.

Sie befassen sich mit dieser Technik am besten erst, wenn Sie
bereits mit anderen Formen von Meditation vertraut sind,
damit Sie wissen, wie Sie am besten vorgehen.

Bewegung

Für einige Menschen bedeutet Stillsitzen die reinste Folter.
Wenn Sie sich bewegen müssen, folgen Sie Ihren natürlichen
Vorlieben, und nehmen Sie diese Bewegung als Ausgangspunkt
für Ihre Meditation. So sollten Sie übrigens bei jeder Meditationstechnik vorgehen. Auf diese Weise werden Sie sich wahrscheinlich am ehesten auf eine Methode einlassen und auch
dabei bleiben.

Es gibt viele verschiedene Bewegungsmeditationen – T'ai
Chi, asiatische Kampfsportarten, Yoga. Wenn Sie nicht davon
überzeugt sind, daß eine Veränderung Ihres Körpergefühls für

Sie sinnvoll sein könnte, versuchen Sie es einmal mit der folgenden Übung: Ballen Sie zunächst die Hände zu Fäusten. Legen Sie anschließend die Hände so aufeinander, als würden Sie beten, oder strecken Sie sie leicht gekrümmt vor sich aus. Sie werden sofort den Energieschub in Ihren Händen und Ihrem Körper spüren.

Eine Bewegungsmeditation läßt sich zu jeder Zeit machen – Sie können dabei laufen, gehen oder tanzen. Was die Meditation von gewöhnlichen Aktivitäten unterscheidet, ist die bewußte Konzentration auf die Bewegung.

Probieren Sie einmal eine Zen-Meditation beim Gehen aus. Falten Sie die Hände locker vor dem Körper, und gehen Sie sehr bewußt. Spüren Sie jede Veränderung Ihres Körpers. Das wird Sie auf natürliche Weise ruhiger werden lassen. Machen Sie diese Übung also nicht, wenn Sie gerade zum Bus rennen!

Achtsamkeit

Bei dieser Meditationstechnik geht es darum, einer bestimmten Sache höchste Aufmerksamkeit zu widmen. Ein Klang oder Ton eignet sich dafür besonders gut. Sitzen Sie einfach still und lauschen Sie. Sie werden mit der Zeit hören, wie sich verschiedene Töne entwickeln und lauter und leiser werden.

Sie können diese Übung auch mit einem bestimmten Gegenstand machen, einer Blume oder einem Kristall zum Beispiel. Sitzen Sie einfach still und betrachten Sie den Gegenstand, indem Sie sanft die Augen darauf richten. Versuchen Sie nicht, bestimmte Eigenschaften daran auszumachen. Der Gegenstand ist nicht rot oder rund oder glänzend. Er *ist* einfach nur.

Sie können sich auch selbst zuhören und sich auf die ständige Veränderung der Gedanken, Gefühle und Bilder konzentrieren, die Ihr Wesen ausmachen.

Wenn Sie sich auf diese Weise konzentrieren, werden Sie sich selbst im Fluß des Lebens spüren – das bedeutet ständige Verwandlung und Veränderung. Diese Technik kann in dem Moment besonders hilfreich sein, wenn Sie mit Ihren Gedanken einmal nicht weiterkommen oder von ihnen erdrückt zu werden scheinen.

Register

Affäre 180
Akzeptanz 59
Angst 147
Anmut 59
Anziehungskraft 12, 32, 45, 68, 146
Aphrodisiaka 27
Ärger 52, 153, 167ff.
Atmosphäre 26, 32, 45, 113f., 126, 140, 183
Atmung 110, 214
Attraktivität 9, 13, 18, 100, 144
Aura 42ff., 49ff., 54, 70f., 92, 96, 101, 109, 114, 118, 128, 136f., 143, 173
-- weibliche energetische 45, 47f., 50, 52ff., 67, 69f., 87, 120f., 127, 142, 155, 172

Bad 42, 46, 98, 194
Baumwolle 35
Besessenheit 153, 156ff.
Bewußtsein 12, 62
Beziehungsprobleme 153
Blumen 12, 27f., 53, 98, 124, 155, 173, 175, 196, 201

Chakra 54ff., 61, 63, 67ff., 72, 74, 108f., 116ff., 124, 126f., 130, 132f., 159ff., 169f., 173f., 177f.
-- Basis s. Wurzel-
-- Herz- 59, 66, 71, 87, 112f., 119, 145, 147, 168f., 171, 174f., 196
-- Kehlkopf 60, 66, 138
-- Milz s. Nabel-
-- Nabel- 57, 64, 102, 111, 141
-- Scheitel- 62, 66, 126, 133, 138, 201
-- Solarplexus- 58, 64, 111, 154f., 160, 164, 168
-- Stirn- 61, 66, 71f., 138, 143, 145
-- Wurzel- 55f., 62, 64, 71, 73f., 87, 101f., 109ff., 113, 116f., 119, 124ff., 126, 128, 130ff., 136, 138, 140f., 143f., 148, 154, 159f., 168, 173, 175, 177, 194, 196, 199ff.
Chiffon 25, 29, 36

Damast 35, 98
Depression 148ff., 170
Drittes Auge 61, 138, 171
Duft 12, 15, 21ff., 28ff., 35f., 42, 48, 51, 53, 68, 126, 128, 171, 201

Edelstein 49, 53, 63, 67, 70f.
Edelsteinfarben 23, 29, 34, 98
Eifersucht 153ff.
Eisprung 194
Empfängnis 194
Energie 13, 18, 23, 26, 32, 35ff., 42ff., 47ff., 51f., 55ff., 62f.,

67, 69ff., 71, 73f., 78f., 98ff.,
103ff., 110ff., 117f., 120f.,
126f., 133ff., 141, 143, 145,
154f., 159, 161, 163ff., 168ff.,
172f., 175, 180, 183f., 190,
201
Erde 12, 45, 81f., 94, 104ff.,
127, 174
Erdtöne 23, 34, 98
Erektionsprobleme 136f.
Erregung 23, 77, 137, 141, 143
Essen 27, 37
Exorzismus 159

Farben 12, 15, 23f., 28, 30f.,
33ff., 42, 48, 67, 69, 93f.,
126f.
Feuer 45f., 81f., 94, 104ff., 127,
174
Fortpflanzung 57, 198, 200
Frau 184, 189ff., 197f.
Frühling 93

Geburt 196
Gespräch 165
Göttinnen 112, 114ff., 137, 148,
172, 184, 189, 192f., 196,
201f., 206

Hemmungen 146
Herbst 94

Intuition 12f., 18, 31, 48, 61,
63, 100

Jahreszeiten 93
Jungfrau 184, 189ff., 197f.

Kerzen 26, 31, 51, 53, 98, 124,
126ff., 131, 145, 148, 159ff.,
165, 173, 175, 177f., 192, 201
Klarheit 52, 165

Kleidung 24ff., 29, 31, 35, 37,
48, 67, 98, 127, 155, 171, 196
Kommunikation 33, 107, 148
Komplimente 31
Kontemplation 216
Kontrolleure 161
Kraft 9, 17, 24, 28, 33, 43, 51ff.,
69, 77, 79, 113, 136, 139
Kreativität 13, 60, 63, 156, 197
Kristall 53, 70

Lebhaftigkeit 50
Leder 36
Leidenschaft 30, 37, 39, 68f.,
72f., 77, 79, 111, 113, 120,
143, 148, 168, 170, 197
Leinen 35
Libido 147f., 171
Liebe 9, 44, 59, 69, 89f., 103,
112f., 136, 140, 154, 163,
177, 183, 195
Luft 45f., 81, 84, 94, 105ff.,
127, 174
Lust 15, 32, 37, 56, 73f., 103,
118, 195

Macht 9, 11, 23, 36, 61, 128,
156, 163
Magie 17, 25, 43, 45, 54f., 63,
70, 80
Manipulierer 161ff.
Mantra 201, 215
Meditation 26, 63, 69, 169,
199f., 213, 216ff.
Medium 15
Meersalz 45f., 98, 136, 155,
159f., 163, 183, 194
Menstruation 203
Mitgefühl 44
Mondkalender 12, 204
Mondphasen 92, 204
Mondzyklus 194, 203

Musik 42, 48

Naschereien 27

Öle 39, 63, 98, 126f., 132, 155
Orgasmus 116f., 127, 137,
   139ff., 143, 195

Pastelltöne 23, 34

Räucherwerk 31, 46, 98, 155,
   163, 178
Reinigung 45ff., 49, 54, 69, 98,
   136, 183, 199
Rhythmus 117ff., 125, 127, 131,
   133, 142f., 171, 173, 195

Sakralzentrum 57
Samt 35, 98
Satin 35
S-Bewegung 96, 100f.
Schlafenszeit 28
Schönheit 51, 144f.
Schüchternheit 29f.
Schuldgefühl 162
Schutz 113
Schwangerschaft 195, 200
Sehnsucht 183f.
Seide 29, 35, 98, 165
Sex 13, 15, 17, 70, 77, 108, 110,
   118, 123, 125, 135, 137, 139,
   141, 146, 148ff., 170, 175,
   177, 183, 191, 193, 198, 200
-- einfacher 108f., 112, 120
-- inniger 108, 112, 120
-- oraler 141f.
-- Power- 93, 108, 111f., 119f.
Sinnlichkeit 22, 32, 35, 39, 52,
   69, 89, 96
Solarplexus 58, 68, 161, 164f.,
   169
Sommer 94

Sonnengeflechtszentrum 58
Speisen 15, 30, 37, 139
Sternzeichen 81, 103f.
Stil 31
Stoffe 15, 23, 30, 35f., 128
Subtilität 101

Tierkreiszeichen 203ff.
Toleranz 59
Traurigkeit 59, 146
Trennung 170ff.
Trennungsängste 153, 170
Trennungsphase 172f.

Unschuld 50
Untreue 179

Verführung 9, 11ff., 30, 32, 44,
   47, 77ff., 86ff., 90, 93, 99ff.,
   103, 193
Verlangen 68f., 77
Verlockung 9, 13, 77
Verzauberung 9, 17, 41, 45f.,
   80, 100, 127, 134, 153, 166
Visualisierung 217
Vorbereitungen 25

Wasser 45, 53, 81, 84, 94,
   105ff., 127, 159, 174, 177,
   201
Wechseljahre 197, 199f.
Weiblichkeit 12, 114, 189,
   196f., 203
Weise 184, 189, 197f.
Weisheit 9
Wiedervereinigungsritual 182f.
Wildleder 36
Winter 93
Wochentage 90ff.
Wolle 35

Yang 13

Yin 13
Ylang-Ylang 29, 33

Zauber 15, 51, 54, 79
Zauberkräfte 64, 92, 135, 147,
  169

Zauberkünste 28, 80, 123, 148,
  175, 192f.
Zaubertechnik 28, 80, 98
Zerbrechlichkeit 23, 36